中南财经政法大学会计·财务系列教材

内部控制与风险管理学习指导书

Learning Guidelines of Internal Control and Risk Management

王清刚 主 编
冉明东 吕敏康 宋丽梦 副主编

中国财经出版传媒集团
中国财政经济出版社

图书在版编目（CIP）数据

内部控制与风险管理学习指导书 / 王清刚主编. --北京：中国财政经济出版社，2020.11
中南财经政法大学会计·财务系列教材
ISBN 978-7-5223-0035-1

Ⅰ.①内… Ⅱ.①王… Ⅲ.①企业内部管理-风险管理-高等学校-教学参考资料 Ⅳ.①F272.3

中国版本图书馆 CIP 数据核字（2020）第 172863 号

责任编辑：马　真　　　　责任校对：李　丽
封面设计：陈宇琰　　　　责任印制：党　辉

内部控制与风险管理学习指导书
NEIBU KONGZHI YU FENGXIAN GUANLI XUEXI ZHIDAOSHU

中国财政经济出版社 出版
URL：http://www.cfeph.cn
E-mail：cfeph@cfeph.cn

社址：北京市海淀区阜成路甲 28 号　邮政编码：100142
营销中心电话：010-88191522
天猫网店：中国财政经济出版社旗舰店
网址：https://zgczjjcbs.tmall.com
北京密兴印刷有限公司印刷　各地新华书店经销
成品尺寸：170mm×240mm　16 开　12 印张　229 000 字
2020 年 11 月第 1 版　2020 年 11 月北京第 1 次印刷
定价：36.00 元
ISBN 978-7-5223-0035-1
（图书出现印装问题，本社负责调换，电话：010-88190548）
本社质量投诉电话：010-88190744
打击盗版举报热线：010-88191661　QQ：2242791300

推 荐 说 明

本系列教材为财政部教材编审委员会推荐教材。

财政部教材编审委员会
2006 年 1 月

内部控制与风险管理学习指导书
编　写　组

主　　编：王清刚

副 主 编：冉明东　吕敏康　宋丽梦

总　序

"教材建设是事关未来的战略工程、基础工程，教材体现国家意志"。新时代对会计、审计和财务管理的人才要求越来越高，因此，进一步深化会计、审计、财务管理教育改革，培养满足新时代需求的高素质会计、审计、财务管理的人才，是我国高校教育当前的紧迫任务。我们一直努力探索会计学专业和财务管理专业的教育改革，尤其是教材改革问题。早在1982年，我们便对会计学专业主干课程教材进行了改革，提出了一套系统改革方案，经财政部批准后作为财政部部属院校的两套会计学专业教改方案之一实施，并进行了中南财经政法大学（时名湖北财经学院）系列教材建设。

课程改革是关键，教材改革是基础。1993年为了适应《企业会计准则》《企业财务通则》和行业会计制度与行业财务制度改革，我们改革了会计学专业主干课程体系，启动并出版了第一轮"中南财经大学会计系列教材"。该系列教材在1994年第六届全国书市上被评为最佳畅销套书。各教材也分别获得第二届财政部优秀教材奖，受到广大读者、使用单位和出版界的好评与欢迎。此后，我们于1996年至1997年修订出版了第二版，在社会上产生了广泛和良好的影响。

2000年启动了第二轮"中南财经政法大学会计·财务系列教材"的建设工作，确定出版了十一门课程的教材，其中增加了为非会计学专业和非财务管理专业的本科生组织编写的《会计学概论》《公司财务管理概论》等两种教材，从2001年起陆续由中国财政经济出版社出版发行。

从2005年起，我们启动了第三轮"中南财经政法大学会计·财务系列教材"的建设工作。教材编审委员会审定通过并确定了十八门核心课程的教材，从2006年起陆续由中国财政经济出版社出版发行。

从2018年起，我们启动了第四轮“中南财经政法大学会计·财务系列教材”的建设工作。教材编审委员会审定通过并确定了课程体系由主干课程、特色课程、实践实验课程、外专业课程四个模块构成。主干课程的教材包括《会计学原理》《中级财务会计》《高级财务会计》《财务管理》《高级财务管理》《成本会计》《审计学》《财务分析》八种；特色课程的教材包括《会计史》《管理会计》《会计理论》《会计制度设计》《政府会计》五种；实践实验课程的教材包括《会计案例》《财务管理案例》《审计案例》《会计信息系统》四种；外专业课程的教材包括《会计学》《公司财务管理概论》两种。这套系列教材从2018年起陆续由中国财政经济出版社出版发行。

在本轮教材建设中，我们继续坚持多年教材建设“理论与实务并重、兼容并蓄、立足我国、放眼世界、务实创新”的原则，该系列教材具有“科学性、先进性、实用性和易教易学性”等四个特点：(1) 系统论述会计学科、审计学科和财务管理学科的基本知识、基本理论和基本技能，全面反映我国经济改革和会计、审计、财务管理改革及研究的最新成果，体现教材的科学性；(2) 立足现实，面向未来，体现教材的先进性；(3) 既同国际趋同，又与中国实际相结合，体现教材的实用性；(4) 充分尊重教学规律的要求，体现教材的易教易学性。

需要特别说明的是，2018年起新出版的“中南财经政法大学会计·财务系列教材”，继续得到了中国财政经济出版社以及许多兄弟院校和广大读者的热情支持与帮助，在此一并表示衷心的感谢！同时，我们也真诚地希望会计界、审计界、财务界的专家、学者和广大读者，以及实务界的朋友，提出宝贵的意见和建议，以便再版时修订、完善。

中南财经政法大学会计·财务系列教材编审委员会

2018年6月

前言

“内部控制与风险管理”作为管理类专业的基础课和部分专业的核心课程，通用性强，受众广泛。课程以系统论、控制论和信息论为指导，以“理论—实践—案例”为主线，按照“目标—风险—控制”的逻辑，在介绍内部控制与风险管理概念和特征、产生和发展、认识误区和固有局限的基础上，以内部控制整合框架为核心，系统讲授内部控制目标的设定及其细分、内部控制各要素、企业整体层面控制、业务活动控制、分支机构和子公司控制、内部控制评价、行政事业单位内部控制与风险管理、内部控制与风险管理的最新动态和发展趋势。

本指导书坚持“知识—能力—素养”的教书育人思想，注重培养同学们“提出问题—分析问题—解决问题”的专业素养和实践能力，注重价值引领，努力提升同学们内部控制与风险管理的知识结构和能力框架，使同学们能够系统掌握内部控制与风险管理的理论基础、实践技能和分析能力，熟悉内部控制设计和运行的原理及方法，掌握风险管理的先进技术和工具，能够熟练地对企事业单位的内部控制与风险管理作出分析和评价。

本指导书根据中国财政经济出版社出版的“中南财经政法大学会计·财务系列教材”《内部控制与风险管理》编写，共五部分：一是为方便同学们学习，提炼了各章的学习目标、知识结构、主要知识点、重难点问题、导入案例和案例测试等，以增强同学们对课程知识体系的系统把握，将教材由厚读到薄；二是提供了四套模拟考试试卷，同学们可以在课程结业考试前模拟考试用，以测验自己对这门课程的学习效果和掌握程度；三是各章案例的参考答案，包括各章导入案例、教材中的练习案例和案例测试，导入案例在学习本章之前使用，带着问题学习，学习效果更好，案例测试在学完每章之后，用于检测自己的学习效果和理解程度；四是各章练习题参考答案，为强化同学们对各章知识点的理解和掌握，指导书专门针对每章都设计了练习题，并配备了参考答案；五是模拟试题参考答案。

本指导书与教材可以和中南财经政法大学《内部控制与风险管理》慕课课程配套使用。该课程在“中国大学 MOOC”“学堂在线”“中联教育”和“学习强国”等多个平台上线运行。2017 年，课程获评湖北省及国家级高校精品在线开放课程。2019 年，获评国家级线上线下混合式一流课程。

本学习指导书由王清刚任主编，冉明东、吕敏康、宋丽梦任副主编。中南财经政法大学会计学原理教研室全体教师就指导书的定位、结构和内容安排等进行了多次讨论，提出很多具有建设性的意见，在此表示感谢！

中国财政经济出版社为本指导书的顺利出版给予了大力支持和帮助，在此表示感谢！

由于我们水平有限，书中难免存在错误和不足之处，欢迎各位读者提出宝贵意见，谢谢！

编者

2020 年 8 月 28 日

目　录

第一部分　各章学习指导

第二部分 模拟试卷

第三部分 各章案例参考答案

第四部分 各章练习题参考答案

第五部分 模拟试卷参考答案

第一部分

各章学习指导

第一章

内部控制与风险管理概述

一、学习目标

1. 理解和掌握内部控制的概念及其特征；
2. 熟悉内部控制与风险管理的产生及发展；
3. 理解和掌握内部控制的三维度整合框架；
4. 理解和掌握内部控制目标及其设定原则；
5. 理解和掌握内部控制具体目标的设定及细化；
6. 理解和掌握内部控制要素及其基本原则；
7. 了解内部控制建设的基本思路和方法；
8. 熟悉并理解内部控制的固有局限性等。

二、本章结构（图1－1）

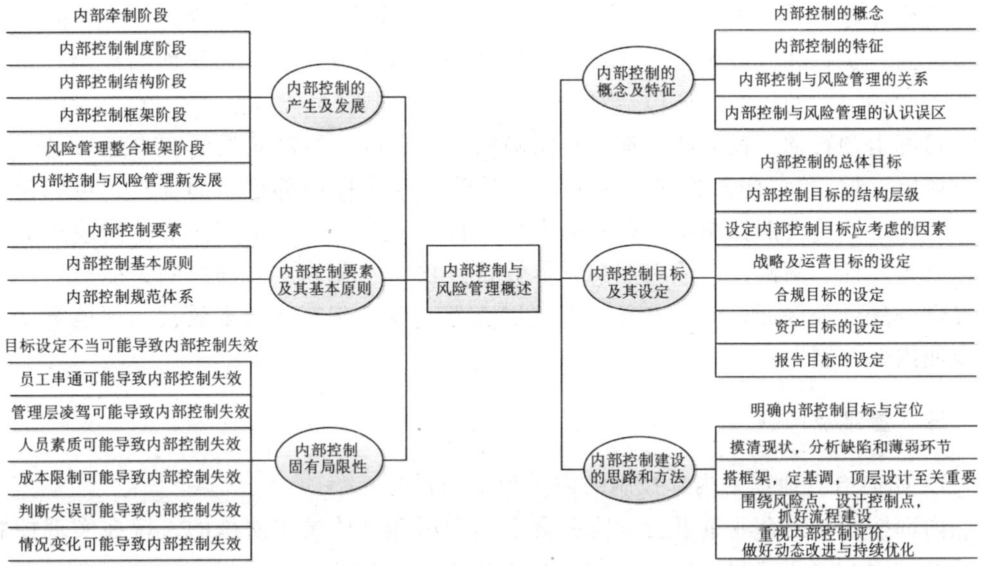

图1－1　第一章内部控制与风险管理概述结构图

三、引导案例

在《红楼梦》第十三回“秦可卿死封龙禁尉，王熙凤协理宁国府”的结尾处，有这样一段话，很有意思。

“这里凤姐儿来至三间一所抱厦内坐了，因想：头一件是人口混杂，遗失东西，第二件，事无专执，临期推诿，第三件，需用过费，滥支冒领，第四件，任无大小，苦乐不均，第五件，家人豪纵，有脸者不服钤束，无脸者不能上进。此五件实是宁国府中风俗，不知凤姐如何处治，且听下回分解”。

其实，王熙凤发现的宁国府中的这些风俗，如果放在一个公司的事务办理环境中，也经常存在，这些都与企业内部控制和风险管理的有效性相关。

四、主要知识点

内部控制是对影响目标实现的风险进行评估和管控，从而帮助实现企业目标的过程。内部控制不是单纯的流程和制度安排，而是由目标层面、要素层面和结构层面构成的三维度整合框架。目标层面包括战略目标、运营目标、资产目标、合规目标和报告目标；要素层面包括内部环境、控制活动、风险评估、信息与沟通和内部监督等；结构层面包括四个层次，即企业整体层面的控制、业务活动层面的控制、对分支机构的控制和对子公司的控制。

内部控制是一项全面的风险管理活动，涉及全员、全过程和全方面。内部控制的主体是全体员工，而不仅仅是经理层的控制，更不等于会计控制，上至董事会、经理层，下至普通员工，各部门、各岗位都是实施控制活动的主体。董事会对内部控制的建立健全和有效性负责。内部控制与风险管理过程涉及事前、事中和事后，覆盖决策、执行和监督等全过程；内部控制领域既涉及企业整体层面的控制，又涉及业务活动层面的控制，还包括对分、子公司的控制，可以说是全方位、无死角。

目标引领行动，任何活动都要有明确的目标。内部控制建设的基本逻辑是“目标—风险—控制”。内部控制目标的设定是建立和实施内部控制的前提，目标设定的适当性是评价内部控制是否有效的先决条件。企业建立与实施内部控制应遵循全面性、重要性、制衡性、适应性和成本效益五项基本原则。内部控制只能对目标实现提供一种合理保证，员工串通、管理层凌驾、职业判断、成本效益、环境突变等可能使内部控制失效。

五、重难点问题

1. 如何恰当地理解内部控制的内涵和特征？

内部控制是由企业董事会、监事会、经理层和全体员工实施的，旨在实现控制目标的过程。内部控制的目标是合理保证企业经营管理合法合规、资产安全、财务报告及相关信息真实完整，提高经营效率和效果，促进企业实现发展战略。

为直观解读内部控制的概念及特征，可用图 1－2 来描述内部控制。

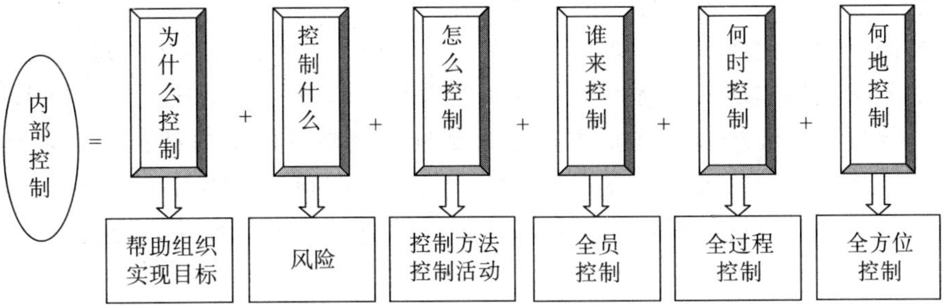

图 1－2　内部控制的概念及特征

内部控制具有如下特征：

（1）内部控制是一个动态的过程，是为实现企业目标而实施控制活动的过程，涉及事前、事中和事后，覆盖决策、执行和监督，贯穿内部控制设计、实施和监督等的全过程。

（2）内部控制不仅仅是单纯的政策、制度、流程和表单，而是由目标、要素及原则等构成的完整框架，更强调对制度及流程的执行过程和效率效果。

（3）内部控制的主体是全体员工，而不仅仅是经理层的控制，更不等于会计控制，上至董事会、监事会、经理层，下至普通员工，各部门、各岗位都是实施控制活动的主体。董事会对内部控制的建立健全和有效性承担最终责任。

（4）内部控制已从制约理念提升到可持续发展理念，内部控制的目标不仅仅是预防差错和舞弊，而是由合规目标、报告目标、资产目标、运营目标及战略目标等构成的一个多目标管控体系。

（5）内部控制只能提供一种合理保证，而非绝对保证，也不同于有限保证。有限保证是很低程度的保证，是不作为情况下的一种消极保证。目标设定不适当、员工串通、管理层凌驾、人员素质低、职业判断失误、成本效益低、外部环境变化莫测等都可能导致内部控制失效。

（6）内部控制的对象是风险，而不是普通员工，普通员工也是内部控制的主体，要对操作风险承担责任。

（7）内部控制是由人来设计和实施的，内部控制的核心是人，人的素质及其具体行动直接影响内部控制的有效性。内部控制的最高境界是“无为而治”，而不是控制越严越好，制度越多越好。企业应重视人力资源、企业文化等软环境建设，积极培育以人为本的管理理念。

（8）内部控制的定义、目标、要素及原则具有普遍适用性和灵活性。

2. 内部控制的目标有哪些？如何理解目标之间的层次结构？

内部控制总体目标：合理保证企业经营管理合法合规，资产安全完整，财务报告及相关信息真实可靠，提高经营效率和效果，促进企业实现发展战略。

内部控制的五个目标不是彼此孤立的，而是相互联系的，共同构成了一个完整的内部控制目标体系，各目标之间的逻辑关系如图1－3所示。内部控制的根本目标是通过控制风险来创造价值，通过促进人、财、物、时间、技术等资源的优化配置，以更优的效率效果实现其运营目标，从而促进其战略目标的实现。这些目标的实现必须以合规目标、资产目标和报告目标为基础。战略目标是内部控制的最高目标，运营目标是战略目标的细化、分解与落实，是内部控制的核心目标；资产目标是实现运营目标的物质前提；报告目标是运营目标的成果体现与反映；合规目标是实现运营目标的有效保证。

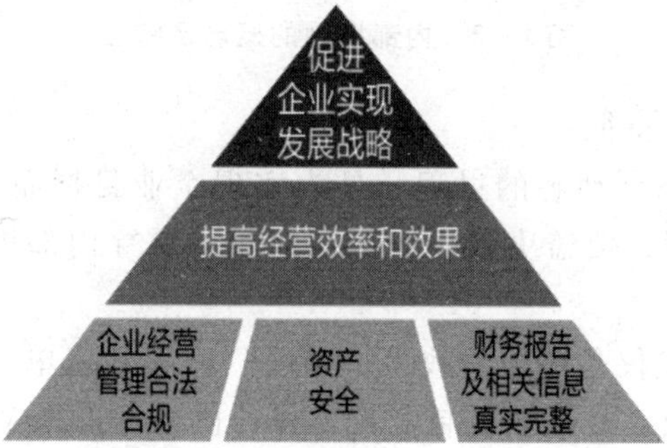

图1－3　内部控制目标的结构体系

3. 什么是风险容忍度？在内部控制建设中有什么用？

风险容忍度（Risk Tolerance）是企业在目标实现过程中对偏差的态度，是在风险偏好的基础上设定的对目标实现过程中所出现偏离的容忍程度，描述的是人们对风险承担的意愿和能力。能够容忍的上限，称为风险容限，对于在风险容限之内但不能接受的风险应实施风险降低，使控制后的剩余风险降低到可接受水平之内。风险可接受水平是企业愿意接受的风险。

在设定内部控制目标应考虑风险偏好和风险容忍度。企业应在风险容忍度范围内，根据不同风险类别、业务或产品特征等，分别确定风险容限。在设定风险可接受水平时，管理层应考虑目标重要性，并与风险偏好相匹配。在风险容忍度范围内经营会使管理层对实现企业目标更有信心。

4. 内部控制资产目标的设定应注意哪些问题？

资产目标旨在保护资产的安全完整、使用效率和保值增值。设定资产目标不能仅关注企业资产的安全完整及权属不受侵害，更要关注资产的有效利用和使用效果，确保资产价值和功能不受损失，使其在经济上保值增值。资产目标的设定应结合管理层的风险偏好，确定风险容忍度，采取定量和定性相结合的办法设定资产的内部控制目标。例如，某公司设定的资产管理目标如下：库存现金、银行存款和其他货币资金安全完整率为100%；上市有价证券投资的最大止损点为市价跌至成本的70%；全年坏账损失率控制在应收款项的3%以内；存货完好率为95%，存货周转率提高到全年4次；固定资产完好率为98%，固定资产成新率达到60%以上，固定资产全年更新率提高到30%；无形资产要做到产权清晰，证书文件保存完好，相关商业秘密不泄露。

5. 报告目标的设定应注意哪些问题？

报告目标包括外部财务报告和非财务报告目标以及内部财务报告和非财务报告目标。四类报告目标的内容、特点及关系如图1－4所示。

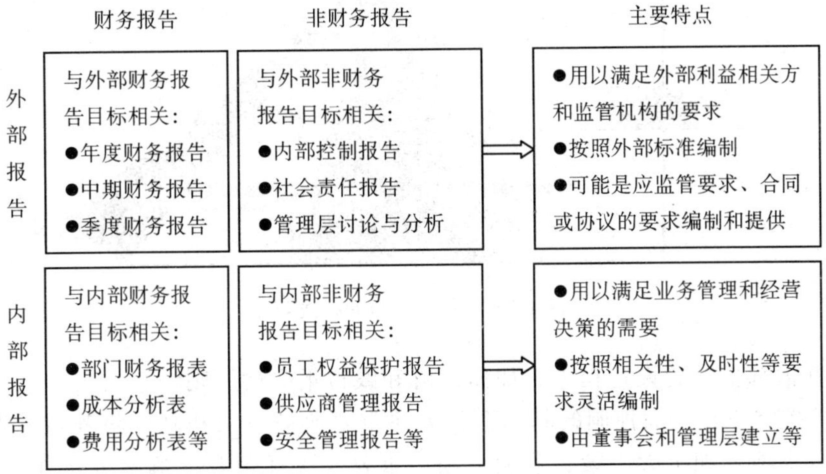

图1－4　四类报告目标的内容、特点及关系

内部报告主要用于内部管理和决策支持，相关披露要求由管理层和董事会制定，编制和提供较为灵活。外部报告主要根据外部准则和监管框架进行披露，可能受到监管者、有关合同和协议要求的限制。外部财务报告必须达到会计准则和监管框架所要求的质量标准。重要性水平是财务报告目标设定的一个重要概念，反映使用者所需报告的精确度，是确定一个项目金额是否具有相关性的临界值。

6. 内部控制的构成要素有哪些？如何理解它们之间的关系？

内部控制要素在内部控制框架中居于核心地位，包括内部环境、风险评估、控制活动、信息与沟通和内部监督。内部环境构成一个企业的基本氛围，是影响和制约企业内部控制设计、实施与监督的各种内部因素的总称，一般包括组织架构、发展战略、人力资源、社会责任和企业文化等。风险评估是及时识别、科学分析和评价风险事件发生的可能性及其潜在影响，并采取应对策略的过程。控制活动是企业根据风险评估结果，采取相应的控制措施，将风险控制在可接受水平之内。信息与沟通是企业及时收集和处理相关信息，并将这些信息以适当方式在企业内部及企业与外部进行传递、沟通和应用的过程。内部监督是对内部控制的建立与实施情况进行监督检查，评价其有效性，发现内部控制缺陷，并及时加以改进和完善的过程。

如图1－5所示，内部控制五要素并非简单相加，而是相互联系、相辅相成，共同组成一个完整的框架。内部环境是内部控制赖以存在的基础，支撑着整个内部控制框架；风险评估是实施内部控制的依据，实施风险评估进而管理风险是建立控制活动的重点；控制活动是实现控制目标的手段和措施；信息与沟通贯穿于内部控制的全过程，联系着企业内外和上下左右，将整个内控结构凝聚在一起，是保证内部控制过程良好运行的“润滑系统”；内部监督位于顶端的重要位置，是对其他内部控制的一种再控制。

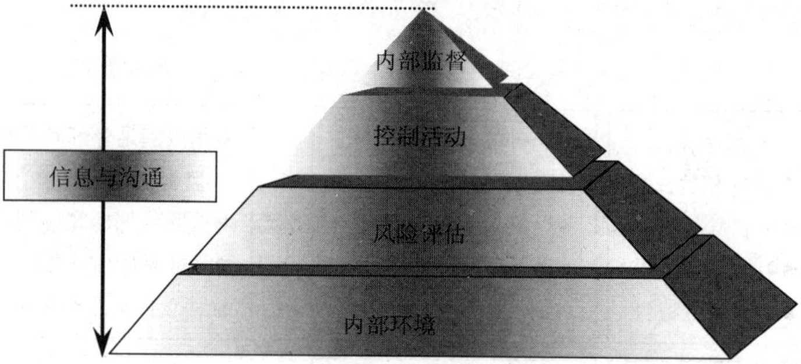

图1-5　内部控制的构成要素

7. 在内部控制建设过程中，如何理解和践行重要性原则？

内部控制应在全面控制的基础上，关注重要业务事项和高风险领域，聚焦“三重一大”事项（即重大决策、重大事项、重要人事任免及大额资金运作），针对重要业务与事项、高风险领域与环节采取更为严格的控制措施，确保不存在重大缺陷。重要性原则的应用需要一定的职业判断，企业应根据所处行业环境和经营特点，从业务事项的性质和涉及金额两方面来考虑是否及如何实行重点控制。

六、案例测试

资料：某公司按财政部、证监会、审计署、银监会和保监会等五部委发布的《企业内部控制基本规范》的要求，建立并实施本公司的内部控制体系。该公司为此召开了董事会全体会议，就内部控制相关重大问题形成决议。摘要如下：

1. 控制目标。会议首先确定了公司内部控制的目标是要切实做到经营管理合法合规、资产安全，严格按法律法规及相关监管要求开展经营活动，确保公司经营管理过程不存在任何风险。

2. 内部环境。内部环境是建立和实施内部控制的基础。会议一致通过了优化内部环境的决议，包括：严格规范公司治理结构，各类业务事项均应提交董事会或股东大会审核批准；调整机构设置和权责分配，做到所有不相容岗位或职务严格分离、相互制约、相互监督；完善人力资源政策，建立优胜劣汰机制，同时注重就业和员工权益保护，认真履行社会责任，加强企业文化建设，倡导诚实守信、爱岗敬业，开拓创新和团队协作精神。

3. 风险评估。会议决定成立专门的风险评估机构，围绕内部控制目标，定期或不定期对内部环境、业务流程等进行全面评估，准确识别公司面临的内外部风险，根据风险发生的可能性和影响程度进行排序，采取相应的风险应对策略。

4. 控制活动。会议明确了公司应从以下三个方面强化控制措施：一是实施全面预算管理，将各类业务事项均纳入预算控制范围；二是将控制措施“嵌入”信息系统中，通过现代化手段实现自动控制；三是完善合同管理制度，所有对外发生的经济行为均应签订书面合同。

5. 信息与沟通。会议要求公司完善信息与沟通制度。及时收集、整理与内部控制相关的内外部信息，促进信息在企业内部各层级之间，企业与外部有关方面之间的有效沟通与反馈；同时建立反舞弊机制，实施举报投诉制度和举报人保护制度，及时传达至全体中层以上员工。确保举报、投诉成为公司有效掌握信息的重要途径。

6. 内部监督。会议强调，内部监督是防止内部控制流于形式的重要保证。为此，公司应强化内部监督制度，由审计委员会和内部审计机构全权负责内部控制的监督检查，合理保证内部控制目标的实现；审计委员会和内部审计机构在内部监督中发现重大问题，有权直接向董事会和监事会报告。

要求：分析、判断该公司董事会会议形成的上述决议中有无不当之处，并简要说明理由。

七、本章练习题

（一）单项选择题

1. 以下有关内部控制的说法中不正确的是（　　）。

A. 内部控制是一个动态的过程

B. 内部控制是由一系列要素组成的完整框架

C. 内部控制有助于提高企业运营的效益和效率，却无助于财务报告的可靠性

D. 内部控制管控的对象是影响企业目标实现的各种风险

2. 下列关于企业内部控制的说法中正确的是（　　）。

A. 内部控制是一种牵制，以会计控制为主

B. 内部控制是一种管理，是对风险的管理

C. 内部控制是一种制度安排，是文字化的文件和流程

D. 内部控制是由经理层实施的一种风险管理框架

3. 关于内部控制的适应性原则，下列内容描述正确的是（　　）。

A. 内部控制应当贯穿决策、执行和监督全过程，覆盖企业及其所属单位的各种业务和事项

B. 内部控制应当在治理结构、机构设置及权责分配、业务流程等方面形成相互制约、相互监督，同时兼顾运营效率

C. 内部控制应当与企业经营规模、业务范围、竞争状况和风险水平等相适应，并随着情况的变化及时加以调整

D. 内部控制应当权衡实施成本与预期效益，以适当的成本实现有效控制

4. 下列（　）项例证了内部控制的固有局限性。

A. 会计主管同时操作和记录现金存款

B. 保安允许仓库保管员在没有得到授权的情况下将公司资产搬出仓库

C. 公司赊销商品却没有适当的信用批准

D. 公司指派一名不认识字的员工保管磁带库和运行手册

5. 最不可能被视为内部控制目标的是（　）。

A. 保护资产安全　　B. 激励对管理政策的遵守

C. 侦查管理人员的欺诈行为　　D. 检查会计资料的正确性与可靠性

（二）多项选择题

1. 下列行为中，不符合内部控制要求的有（　）。

A. 不经过审批付款

B. 总账与日记账、明细账由不同会计人员登记

C. 未经开户行批准，坐支现金

D. 支付款项所需印章由一人保管

2. 下列有关企业内部控制建设的表述中，正确的有（　）。

A. 内部控制建设有助于企业及时识别和防范风险，促进企业实现战略目标

B. 企业应结合自身的管理实践，从控制环境、风险评估、控制措施、信息与沟通、内部监督等要素出发建立本单位的内部控制

C. 内部控制应由企业各个层级的人员共同实施，从企业负责人到各个业务分部、职能部门的负责人，直至每一名员工，都应对实施内部控制负有责任

D. 企业应定期或不定期对本单位内部控制的健全性、合理性和有效性进行评价，及时发现内部控制设计和实施环节存在的缺陷和漏洞，采取切实可行措施予以改进

3. 企业内部控制的主体包括（　）。

A. 董事会　　B. 经理

C. 财务人员　　D. 其他员工

4. 全面性原则，要求企业内部控制在流程上应渗透到的环节有（　）。

A. 决策　　B. 执行

C. 监督　　D. 反馈

E. 评价

5. 内部控制的固有局限性主要表现为（　）。

A. 内部控制可能会由于误解、疏忽等多方面的原因失效

B. 经理层凌驾于内部控制之上可能导致内部控制失效

C. 两人或多人的串通行为可能导致内部控制失效

D. 缺乏实现控制目标所必需的内部控制要素可能导致内部控制失效

（三）判断题

1. 内部控制是由企业董事会、监事会和经理层实施的、旨在实现控制目标的活动。（　　）

2. 内部控制设计中，坚持不相容职务相分离可以杜绝员工舞弊或差错的发生。（　　）

3. 内部控制的基本理念、原则和方法等仅适用于企业等营利组织，不适用于非营利组织。（　　）

4. 内部控制是一种全员控制，实施控制活动的主体包括董事会、管理层、大股东和一般员工等。（　　）

5. 内部控制主要是对影响企业目标实现的各种风险进行管理和控制。（　　）

第二章

内部环境

一、学习目标

1. 理解内部环境在内部控制建设中的作用和影响；
2. 理解并掌握内部环境的构成分要素及其各自的主要内容；
3. 熟悉企业组织架构设计与运行中的主要风险及其控制；
4. 熟悉企业发展战略规划与实施中的主要风险及其控制；
5. 熟悉企业人力资源政策与实践中的主要风险及其控制；
6. 熟悉企业履行和管理社会责任中的主要风险及其控制；
7. 熟悉企业文化建设过程中的主要风险及其控制。

二、本章结构（图2-1）

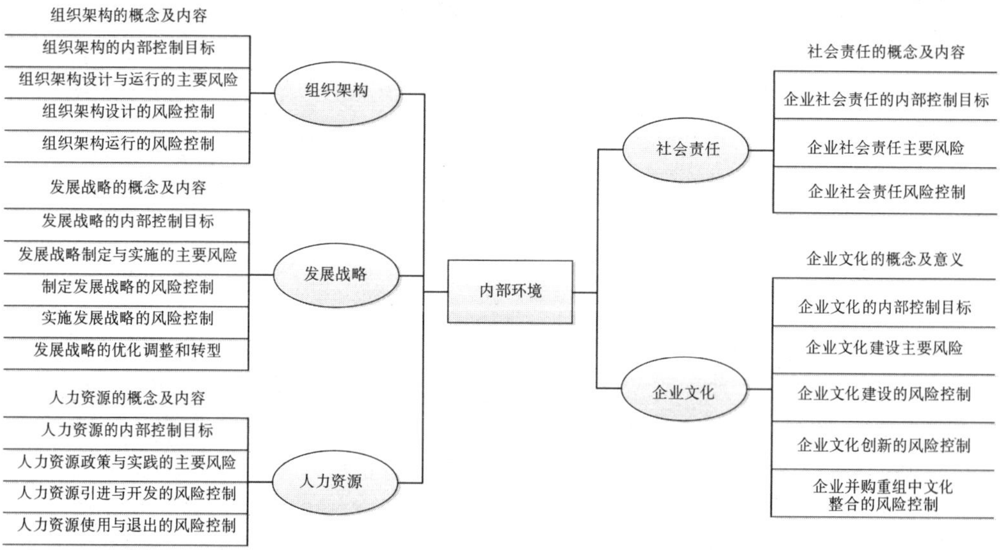

图2-1 第二章内部环境结构图

三、引导案例

中电国际以企业文化引领发展，以品牌筑就核心竞争力。

中国电力国际发展有限公司（简称“中电国际”）是2004年3月在香港注册成立的企业，主要业务是开发、建设、经营和管理大型发电厂。2015年，中国电力投资集团公司与国家核电技术公司重组，成立国家电力投资集团公司，中电国际是其重要子公司。

企业文化是企业发展之根，基业长青之魂。长期以来，中电国际积极推进文化兴企，在国家电力投资集团公司“和文化”框架下，精心培育企业文化，铸就企业发展之魂，创建了独具特色的企业文化，引领企业发展。中电国际的企业文化主要包括：

企业宗旨：致力清洁发展，奉献绿色能源。

企业战略：以建设核心竞争力突出的创新型国际化、综合能源现代国有企业为目标，以成为集团常规能源业务的核心子公司、常规能源业务和资产整合的最终平台、科技创新和体制创新的领先者为定位。

核心价值观：创新创造，持续奋斗，和谐共生。

企业精神：责任、诚信、智慧、价值。

企业理念：管理理念是依法治企，科学治企，从严治企；经营理念是诚信为本，效益为先，全员为要；工作理念是策划、程序、修正、卓越；人才理念是以奋斗者为本；安全理念是任何风险都可以控制，任何违章都可以预防，任何事故都可以避免；廉洁理念是清白做人，干净做事；团队理念是人才强企，团队无价；绩效理念是以效益与价值为导向，用激励与约束促提升；学习理念是立德强智，学以致用；服务理念是真诚用心，追求卓越；职业操守是忠诚于国家，忠诚于事业，忠诚于企业；企业意境是天人合一、义利合一、人企合一、知行合一。

不难看出，中电国际的企业文化有共性文化的统一与个性文化的兼容，有核心价值观的支撑，有红色文化的引领，有廉洁文化的协同，有中华民族优秀传统文化的传承。文化重在落地生根。中电国际始终把宣传贯彻作为企业文化建设的重点，建立长效机制，深入学习企业文化，使企业文化真正进脑入心，化为企业员工的自觉行动。中电国际充分发挥企业文化的引领、激励、推动和约束作用，将企业文化融入战略实施、经营管理、团队建设、品牌形象建设等方面，深入践行“创新创造、持续奋斗、和谐共生”的核心价值观，及“天人合一、义利合一、人企合一、知行合一”的意境追求，有力地促进了企业的绿色、和谐、稳健和可持续发展。

天人合一，文化引领绿色发展。中电国际秉承“致力清洁发展，奉献绿色能源”的企业宗旨，紧扣时代脉搏，提出“碧水蓝天”的绿色发展理念，实施传统能源升级换代、先进能源技术创新、清洁能源开发、电源结构调整、节能减排等战略，推动传统能源的优化升级。倡导并引领新能源的发展，开创了国内电力新能源市场化运作的先河，在国内率先开创新能源与智能电网结合的创新产业模式。

义利合一，文化铸造良好品牌。中电国际积极履行国有资产保值增值责任，依法合规诚信经营，为企业、股东、国家做出贡献的同时，体现团队和个人的价值。努力追求和谐共生的发展理念，切实履行企业社会责任，发布社会责任报告，在业内和社会上树立了良好的企业品牌形象。

人企合一，文化凝聚团队合力。中电国际始终提倡群策群力、人才强企、团队无价的团队理念，坚持“以奋斗者为本”的人才理念，以统一的价值取向和行为规范，实现凝心聚力。

知行合一，文化融合管理创新。中电国际鼓励员工不断学习，勇于创新，敢于实践，不断提升员工综合素质和业务能力。公司注重将企业文化融入生产经营和管理活动全过程，实现文化与管理的对接融合。

中电国际按照现代企业制度和监管规则，构建了以董事会为核心的法人治理结构，形成结构合理、管理专业、运转协调有效的一体化管控模式。充分践行“依法治企，科学治企，从严治企”的管理理念，有力促进了企业的稳健发展，树立了治理完善、管理规范、管控得力的良好品牌形象。

这个案例告诉我们企业文化作为企业重要的内部环境，对提升企业竞争力，推动企业可持续发展具有重大作用。

四、主要知识点

内部环境是影响和制约企业内部控制建立与执行的各种内部因素的总称。在分析、营造和完善内部环境的过程中，我们既要看到组织架构、发展战略、人力资源、社会责任和企业文化等构成分要素所形成的内部环境现状，还要从变化的角度观察内部环境的动态性。

组织架构、发展战略、人力资源、社会责任和企业文化构成了企业内部环境的主要内容。组织架构为企业开展风险评估、实施控制活动、促进信息沟通和强化内部监督等内部控制活动提供了组织平台；发展战略事关企业长远发展和总体规划，关系到企业发展方向、业务范围与运营目标，涉及企业所有的关键活动，是企业何去何从的行动纲领；企业竞争归根到底是人力资源的竞争，人力资源已经成为促进经济社会发展的第一要素，内部控制是全员控制，人力资源直接影响企业内部环境的质量；企业是创造财富与履行社会责任的统一体，企业社会责任事关安全生产、环境保护、资源节约等民生问题和企业的可持续发展，企业履行和管理好社会责任能够改进发展质量、提升综合价值；内部控制根植于制度和文化，制度建设是内部控制的基础，而道德和文化建设是内部控制的灵魂，两者的有机耦合共同影响内部控制的效率效果。

企业应在设定内部环境控制目标的基础上，全面系统地梳理和分析组织架构设计与运行、发展战略制定与实施、人力资源政策与实践、企业社会责任履行与管理及企业文化建设等过程中的主要风险，并有针对性地采取控制措施，降低相关风险，改进和完善内部环境，以促进企业内部控制有效性的提升。

五、重难点问题

1. 内部环境包括哪些内容？在内部控制建设中为什么很重要？

内部环境构成一个企业的基本氛围，是影响和制约企业内部控制设计、实施与监督的各种内部因素的总称，包括组织架构、发展战略、人力资源、社会责任和企业文化等。内部环境是内部控制存在和发展的基础，是内部控制赖以生存的土壤，控制环境的好坏直接决定着其他控制要素能否发挥作用。内部环境支配并左右着员工的意识和行为，影响全体员工实施控制活动和履行控制责任的态度、认识和行为，直接影响内部控制的效率和效果。

2. 什么是企业的组织架构？它分为哪几个层面？

组织架构是指企业按国家有关法律法规、股东（大）会决议和公司章程，结合本企业实际情况，明确董事会、监事会、经理层和企业内部各层级机构设置、职责权限、人员编制、工作程序和相关要求的制度安排。

如图 2－2 所示，组织架构主要有治理结构和内部机构两个层面：治理结构主要是股东（大）会、董事会、监事会和经理层职责分配与制衡关系的安排；内部机构主要是在总经理领导下的各职能部门和业务单元。内部机构设置应重点关注各职能部门、分支机构以及基层作业单位的职责权限，避免权责分配不合理，可能导致机构重叠、职能交叉或缺失、推诿扯皮，运行效率低下。

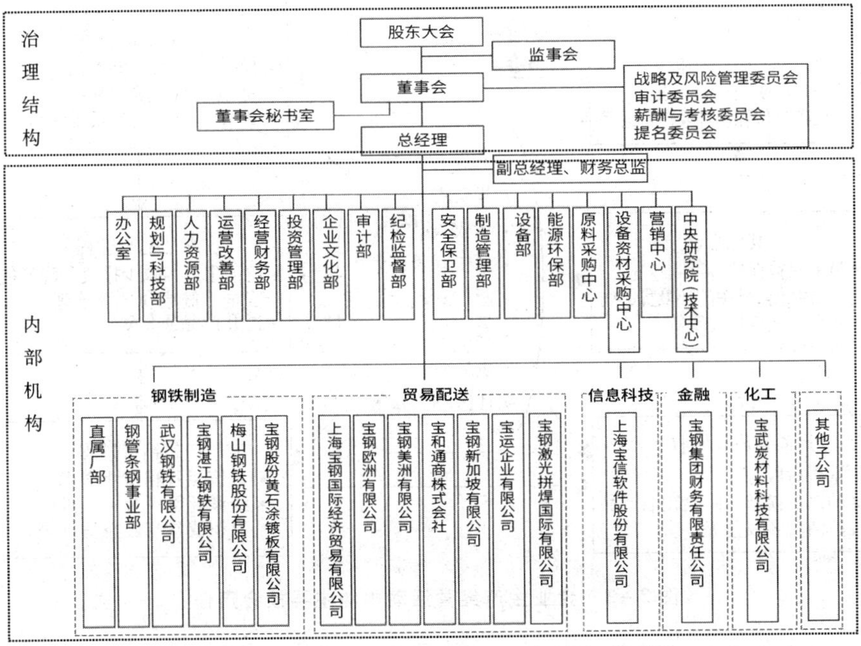

图 2－2　宝钢的组织结构图

3. 企业发展战略的主要风险有哪些?

(1) 缺乏明确的发展战略或者发展战略实施不到位,可能导致企业盲目发展难以形成竞争优势,丧失发展机遇和发展动力。

(2) 发展战略过于激进,脱离企业实际能力或偏离主业,可能导致企业过度扩张,甚至经营失败。

(3) 发展战略因主观原因频繁变动,可能导致资源浪费,甚至危及企业的生存和持续发展。

4. 企业人力资源政策与实践的主要风险有哪些?

(1) 人力资源缺乏或过剩、结构不合理、开发机制不健全,可能导致企业发展战略难以实现。这一风险侧重于企业决策层和执行层的高管人员。

(2) 人力资源激励约束制度不合理、关键岗位人员管理不完善,可能导致人才流失、经营效率低下或关键技术、商业秘密和国家机密泄露。这一风险侧重于专业技术人员,特别是掌握企业发展命脉的核心技术人员。

(3) 人力资源退出机制不当,可能导致法律诉讼或企业声誉受损。这一风险侧重于企业辞退员工、解除员工劳动合同等而引发的劳动纠纷。

5. 如何理解企业的社会责任?它具体包括哪些内容?

社会责任是指企业在经营发展过程中应履行的社会职责和义务,主要包括安全生产、产品质量(含服务)、环境保护、资源节约、促进就业、员工权益保护等。

基于利益相关方视角,企业生产经营过程中的主要社会责任如图 2-3 所示。

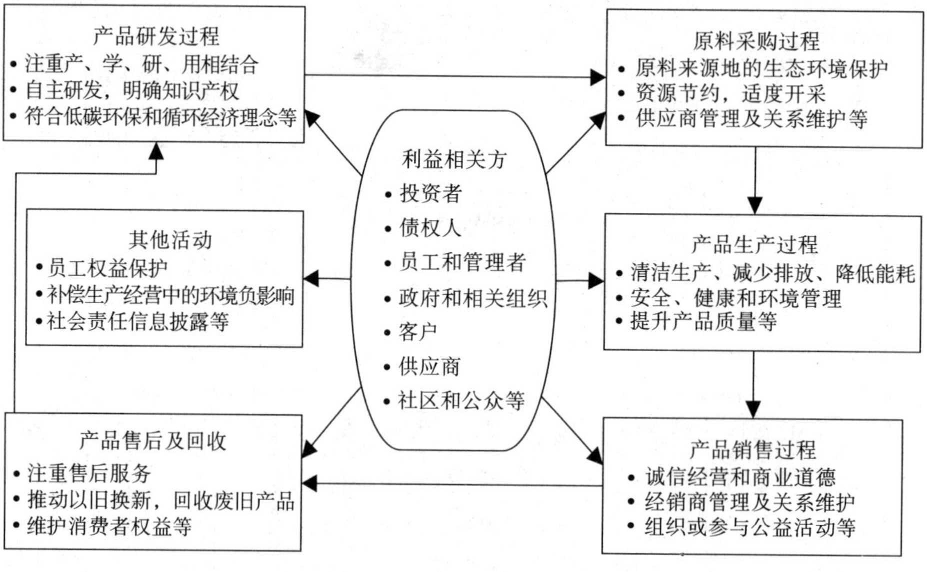

图 2-3 企业生产经营活动中的主要社会责任

(1) 企业在新产品研发过程中,应坚持低碳环保和循环经济理念,自主研发,明确知识产权,避免侵权纠纷。同时,企业应积极推动产、学、研、用相结合,注重人才培养和交流，开展与高校及科研院所的合作，实现优势互补，激发创新活力。

（2）在原料采购过程中，企业应重视原料来源地的生态环境保护，努力节约资源，适度开采；依靠科技进步和技术创新，着力开发利用可再生资源。同时，注重供应商管理及关系维护，努力实现共赢多赢，避免侵害供应商权益等。

（3）在产品生产过程中，企业应坚持清洁生产，降低能耗，减少废弃物排放，加强对废弃物的回收、利用和处置；安全生产、员工健康和环境管理事关企业发展、员工权益和社会稳定，企业应加强管理，建章立制，并确保落实到位。低劣的产品质量损人不利己，企业应努力提升产品（包括服务）质量，这既是对消费者和整个社会负责，也是对自己负责。

（4）在产品销售过程中，企业应诚信经营，公平贸易，遵循商业道德，避免商业贿赂。企业应加强经销商管理及关系维护，坚持共赢多赢，避免侵害经销商和消费者权益等。

（5）在产品售后及废旧品回收过程中，企业应注重售后服务，维护消费者权益，保持畅通的沟通平台。企业应积极推动以旧换新，回收废旧产品，促进废旧物资再利用。

（6）其他社会责任活动。企业应积极促进就业，保护员工权益，维护员工健康，推动员工培训，为员工提供良好的发展平台。企业还应主动补偿生产经营中的环境负影响，积极组织或参与公益活动、慈善事业，披露企业社会责任信息等。

6. 企业文化包括哪些主要内容？对内部环境的培育有何意义？

企业在生产经营实践中逐步形成的、为整体团队所认同并遵守的价值观、经营理念和企业精神，以及在此基础上形成的行为规范的总称，包括：

（1）价值观是个人对客观事物（包括人、物、事）及对自己行为结果的意义、作用、效果和重要性的总体评价，关系到对是非曲直的基本判断，是推动并指引一个人采取决定和行动的原则及标准。

（2）经营理念是企业在生产经营实践中逐步形成的基本原则和核心思想，任何生产经营和管理活动都要符合这些基本原则和核心思想。

（3）企业精神是一个企业基于自身特定的性质、任务、宗旨、时代要求和发展方向，为谋求生存与发展而在长期的生产经营实践中，经过精心培育、提炼而逐步形成的，并为员工群体认同的正向心理定式、价值取向和主导意识的统称。

（4）行为规范是用来规范个人行为、调解人际交往、维护社会秩序的思想工具，是人们说话、做事所依据的标准，也是社会成员都应遵守的行为准则。

7. 企业文化建设的主要风险有哪些？

（1）缺乏积极向上的企业文化，可能导致员工丧失对企业的信心和认同感，企业缺乏凝聚力和竞争力。

（2）缺乏开拓创新、团队协作和风险意识，可能导致企业发展目标难以实现，影响可持续发展。

(3) 缺乏诚实守信的经营理念，可能导致舞弊事件的发生，造成企业损失，影响企业信誉。

(4) 忽视企业间的文化差异和理念冲突，可能导致并购重组失败。

六、案例测试

资料：红星公司是一家集农工商为一体的中型企业，主要从事农产品的生产、加工和销售，在国内农副产品市场具有较高知名度和市场份额。公司董事长张某十年前从事贩卖鸭蛋的生意，有了一定的资本积累后，在2008年创立了红星公司，同时任命其妹夫随某为公司总经理。公司以利润最大化为目标，为提高盈利能力，公司决定建立农产品生产基地，按市场销售动向生产产品，以扩大市场份额，提高经济效益。在产品加工阶段，注意产品形象，多生产品向好的产品，在销售阶段，建立营销队伍，设立专柜，扩大宣传，引导消费。

公司经过努力，规模不断扩大，经济效益节节攀升。销售过程中，总经理随某发现，大多数人在买东西时都挑颜色好看的产品，比方说，买咸鸭蛋时喜欢买红心的。如果能够生产出红心蛋，不但卖得快，而且价钱高，于是公司千方百计地生产红心蛋，这一提议得到董事长张某的全力支持，总经理随某经过实验，只要在饲料中添加苏丹红，鸭子产下来的蛋就符合红心蛋标准，经过腌制加工，公司生产出特产红心鸭蛋。

苏丹红分为1、2、3、4号，都是工业染料。苏丹红事件曾经轰动全国，广东亨氏美味源辣椒酱、肯德基新奥尔良烤翅等80多种食品被检测出含有致癌的苏丹红1号。苏丹红4号不但颜色更加鲜艳，毒性更大，国际癌症研究机构将苏丹红4号列为三类致癌物质，这些红心蛋经过中国检验检疫中心的检测，显示已遭到严重污染，产品含有苏丹红4号。

在生产实验之初，公司技术人员注意到苏丹红作为工业染料含有致癌物质，不能作为食品添加剂，而且国家是明令禁止的，董事长张某还是决定继续使用苏丹红作为饲料添加剂，企业决策层一片拥护，未能对张某的决定予以否决。事件曝光后，相关部门对红星公司进行了封杀，要求全面检查红心蛋的生产和经营单位，详细登记市场上销售涉嫌含有苏丹红红心蛋的进货和库存情况，并将所有产品查封和销毁，红星公司停产整顿，相关责任人依法查处。

要求：请分析红星公司内部控制环境方面存在的缺陷，并简要说明理由。

七、本章练习题

(一) 单项选择题

1. 企业人才的招募、培训及配置方针，主要反映于该企业的（　　）。

A. 风险评估　　　　B. 内部环境

C. 控制活动　　　　D. 信息和沟通

2. 下列企业组织架构建设的陈述中，不应包含在内是（　　）。

A. 公司应有明确的组织架构及清楚的权责配置

B. 对于各级管理人员，其权责关系明确规范

C. 员工优异的工作能力，并有优于公司期望的作业表现

D. 足够的员工人数以执行公司各项功能

3. 一个企业内部成员共有的思想信仰、行为规范、价值取向、好恶情感及所追求的企业目标与利益，称为（　　）。

A. 企业法规　　B. 企业文化

C. 企业战略　　D. 企业责任

4. （　　）对股东大会负责，依法行使企业的经营决策权。

A. 董事会　　B. 监事会

C. 经理层　　D. 董事长

5. 下列关于某一大型制造公司组织结构的描述，在控制环节属于薄弱的是（　　）。

A. IT 部门的主管是直接向总裁汇报工作的副总裁

B. 董事会下属审计委员会由首席执行官、首席财务官和主要的利益方构成

C. 首席财务官是向首席执行官汇报工作的副总裁

D. 出纳向首席财务官汇报

（二）多项选择题

1. 甲股份有限公司制定了发展战略，经董事会审议通过后，2018 年 5 月报经股东大会批准实施，下列有关发展战略的实施的说法中，不正确的有（　　）。

A. 企业应根据发展战略，制定年度工作计划，编制全面预算，将年度目标分解、落实

B. 企业应重视发展战略的宣传工作，通过内部各层级会议和教育培训等有效方式，将发展战略及其分解落实情况传递到内部各管理层级

C. 监事会应加强对发展战略实施情况的监控，定期收集和分析相关信息，对于明显偏离发展战略的情况，应及时报告

D. 由于经济形势、产业政策、技术进步、行业状况以及不可抗力等因素发生重大变化，确需对发展战略作出调整的，应按规定权限和程序调整发展战略

2. 下列各项中，表明内部控制环境存在缺陷的有（　　）。

A. 甲企业为上市公司，其关键管理人员在母公司兼职，在该人员的指令下，上市公司承担了母公司发生的捐款

B. 乙企业为降低生产成本，减少环保投入，致使大量污水排入周边水域，造成环境污染

C. 丙企业设立审计委员会，负责监督公司内部控制的有效实施和内部控制自我评价情况

D. 丁企业的企业文化是“不惜一切代价做大市场”

3. 企业应制定（　　）等内部管理制度或相关文件，使员工了解和掌握组织架构设计及权责分配情况，正确履行职责。

A. 组织结构图　　B. 业务流程图

C. 权限指引　　D. 岗（职）位说明书

4. 企业梳理治理结构，应重点关注（　　）。治理结构存在问题的，应采取有效措施加以改进。

A. 董事会、监事会和经理层的运行效果

B. 内部机构设置的合理性

C. 董事、监事、经理及其他高级管理人员的任职资格和履职情况

D. 内部机构设置的有效性

5. 在上市公司治理实践中，董事会成员中的独立董事经常被视为重要的组成部分。保证独立董事能够行使监督职责的关键因素包括（　　）。

A. 不在该上市公司担任除独立董事之外的其他职务

B. 具备财务背景和丰富的经验

C. 不得在该上市公司获取与经营业绩相关的收入

D. 与其他上市公司不存在利益关系

（三）判断题

1. 重大决策、重大事项、重要人事任免及大额资金支付业务的具体标准由企业自行确定。（　　）

2. 企业应贯彻预防为主的原则，采用多种形式增强员工安全意识，重视岗位培训，对于所有岗位都要实行资格认证制度。（　　）

3. 控股股东及其职能部门与上市公司及其职能部门之间是上下级关系，上市公司及其职能部门应接受控股股东及其职能部门的领导。（　　）

4. 上市公司的监事可以由董事、经理和其他高级管理人员兼任。（　　）

5. 控制环境的好坏直接决定着企业控制活动能否实施或实施的效果，它既可增强也可削弱特定控制的有效性。（　　）

第三章

风险评估

一、学习目标

1. 理解和掌握风险的概念、特征及类别；
2. 熟悉风险的组成要素及其作用原理；
3. 掌握并能熟练应用风险识别的方法和技术；
4. 了解企业整体层面的风险识别；
5. 熟悉业务和流程层面的风险识别；
6. 掌握并能熟练应用风险分析技术；
7. 理解和掌握固有风险和剩余风险概念；
8. 理解并能熟练应用风险应对策略及其控制措施。

二、本章结构（图3－1）

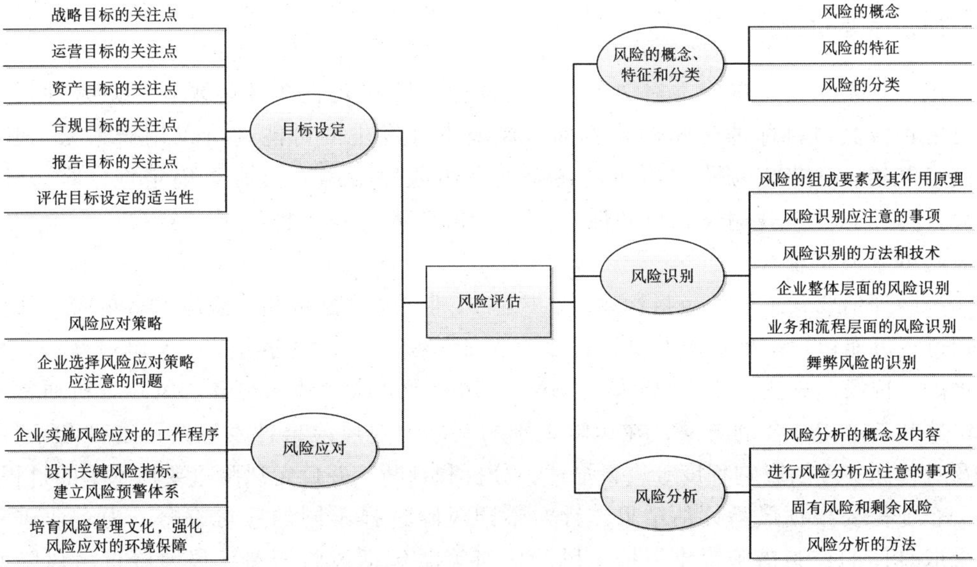

图3－1　第三章风险评估结构图

三、引导案例

资料：ABC公司是在上海证券交易所上市的一家股份有限公司，为开拓市场、提高效益，公司专门召开了一次董事会会议，并作出以下改革措施：

1. 为提高市场占有率，决定依靠公司强大的人力资源加大研发力度，提高产品的科技含量，在研发上大量投入，力争在较短时间内有所突破。

2. 企业发展离不开强大的人力资源，公司决定面向社会大量招聘具有管理专长和技术专长的员工，以提高企业整体的管理水平和技术水平。同时辞退不符合要求的员工。

3. 为扩大销售，需要大量资金，公司决定进行筹资。为提高财务杠杆效应，降低综合资金成本，公司决定新增资金全部通过发行长期债券解决，此筹资方案未经专家论证。

4. 为强化内部管理，公司决定提高审计委员会和内部审计机构的监督效能，审计委员会主要由执行董事、高层管理人员组成。

5. 公司为促进并购重组的顺利开展，决定对被并购方的员工加强文化建设，尽快使被并购方的员工对其原单位文化进行抛弃，接受公司的新文化，使其有归属感。

6. 公司X产品（健身器材）市场供不应求，为扩大销量，公司决定在不影响产品基本功能的情况下，适当降低检验标准。

7. 为扩大市场，公司决定有偿给主要经销商提供担保，以扩大产品销售能力。

要求：对于上述ABC公司的董事会决议，你能够逐项识别出各项改革措施所面临的主要风险吗？针对识别出来的主要风险，逐项设计相应的控制措施。

四、主要知识点

风险是未来的不确定性对实现目标的影响。不确定性主要体现在风险事件发生的可能性及其对目标的影响两个方面。风险事件发生的可能性可以用概率来描述；风险可能给企业带来损失，也可能使企业获得收益。风险具有不确定性、客观性、相对性、动态性、普遍性、可知性、偶然性和必然性等多种特征。其中，不确定性是风险的本质特征。

风险评估要素主要涉及目标设定、风险识别、风险分析和风险应对等内容。风险识别过程可能包含多种技术及支持性工具，如流程图法、德尔菲法、头脑风暴法、检查表法、现场调查法、报表分析法、SWOT分析法、风险地图法等。风险分析通常采用定性和定量相结合的方法，在风险识别的基础上对风险事件发生的可能性和条件，以及对目标实现的影响程度等进行描述、分析和判断，并确定风险重要性水平的过程。

企业需要根据风险评估结果，针对不同风险选择不同的应对策略，为企业进一步采取具体的控制措施提供依据。风险应对策略包括风险规避、风险降低、风险共担和风险承受。风险评估既要考虑固有风险也要考虑剩余风险。固有风险是控制前的风险，剩余风险是采取风险应对之后所残余的风险，即未被控制的风险，企业要确保剩余风险在可接受水平之内。

风险评估和应对不仅要有科学的管理制度和流程、实用的管理技术、先进的风险衡量工具，还要重视企业文化和人力资源等软环境的培育，这是现代风险管理区别于传统风险管理的重要特征。

五、重难点问题

1. 如何理解风险的内涵和特征？

风险是不确定性对目标的影响。其中，影响是与期待的偏差，包括积极的影响、消极的影响，或两者兼而有之；目标可以有不同方面（如财务、健康安全以及环境目标），可以体现在不同层次（如战略、组织结构、项目、产品和过程）；风险通常以潜在事件和后果，或它们的组合来描述；不确定性主要表现在潜在事件发生的可能性和后果严重性两个方面。

对风险的不同理解和定义，使得风险具有多种属性和特征。就单项风险而言，每项风险都有不确定性、动态性、偶然性、可知性等特征。其中，不确定性是风险的本质特征。从宏观方面和风险总体来看，风险又有一定的客观性和必然性，能够呈现出规律性和普遍性。

2. 风险的组成因素有哪些？其作用原理是怎样的？

风险的组成因素包括风险因素、风险事件及风险后果。

（1）风险因素，也称风险因子，是引起或增加风险事件发生的机会或条件，是风险事件发生的潜在原因。

（2）风险事件，对目标实现产生影响的偶发事件，风险事件的发生会给企业造成人身伤亡、财产损失、客户流失、声誉受损等后果。

（3）风险后果，风险事件的发生对目标实现的影响可以是负面的、正面的，或两者兼而有之。风险后果包括直接后果和间接后果。

风险是由风险因素、风险事件和风险后果构成的统一体，其作用原理如图 3－2 所示。风险因素的产生或增加引发风险事件的发生，风险事件的发生带来现实的风险后果，风险后果形成实际结果与预期目标的差异。例如，雪天路很滑，导致发生车祸，造成人员伤亡和财产损失。此时，“雪”是风险因素，“车祸”就是风险事件，“人员伤亡和财产损失”是风险后果。

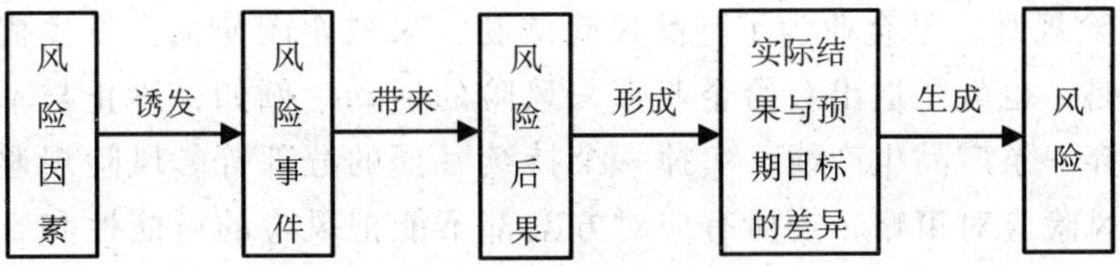

图 3－2　风险要素的作用机理

3. 在设定内部控制的合规性目标时，应注意哪些关键点？

（1）合规目标的设定应反映企业适用的外部法律法规，包括相关法律、监管规则、国际组织制定的相关标准、行业组织制定的自律章程等。

（2）企业内部制定的规章制度也应包括在合规目标的设定中。

（3）法律法规为企业建立了最低的行为准则，企业在设定目标的过程中，管理层有一定的自主裁量权，可以适当提高合规性标准。

（4）合规目标的设定应考虑风险容忍度，管理层应确定实现合规目标时可接受的偏离范围。企业应经常主动检查复核自己的行为是否合法合规，并定期开展合规性全面评价。

（5）积极开展相关标准的第三方认证是实现合规目标的重要举措。

（6）合规性记录可能对企业在社会和市场上的声誉产生很大的正面或负面影响。

4. 什么是固有风险？什么是剩余风险？两者有什么关系？

固有风险是管理层没有采取任何措施来改变风险的可能性或影响的情况下，一个企业所面临的风险。剩余风险是在管理层的风险应对之后所残余的风险，即未被控制的风险。一旦企业风险应对的策略和措施确定下来，管理层接下来就要考虑剩余风险，确保剩余风险在可接受水平之内。

剩余风险的大小与企业风险应对措施的有效性密切相关。企业对风险的管理和控制越有效，剩余风险就越少；企业对风险管理和控制的效率效果越差，剩余风险就越大。剩余风险的大小直接关系到企业目标的实现程度。剩余风险越大，内部控制的有效性越弱，内部控制对实现企业目标的保障程度就越低；剩余风险越小，内部控制的有效性越强，内部控制对实现企业目标的保障程度就越强。对控制之后的剩余风险进行评估，是一个持续性和重复性的互动过程，不能将风险评估与一次性风险活动联系起来。

5. 风险分析工作的主要内容是什么？

风险分析是在风险识别的基础上对风险发生的可能性、影响程度等进行综合评价的过程，是理解风险特性和确定风险等级大小的过程，是企业采取风险应对策略和措施的依据。风险分析通常采用定性和定量相结合的方法，对风险发生的可能性和影响程度进行描述。如表 3－1 所示。

6. 常用的风险应对策略有哪些？具体应用每种策略时，应注意哪些问题？

（1）风险规避，是企业为了免除风险威胁，采取企图使损失发生概率等于零的风险应对策略，也就是退出会给企业带来风险的活动。例如，终止与不诚信的供应商合作、放弃一条产品生产线、卖掉一个持续亏损的分部等。风险规避策略是一种比较消极的风险应对策略，当所有应对方案都不能把风险的可能性和影响降低到可接受水平，又超出风险容忍度范围的风险，应实行风险回避。

表 3－1　　XY 公司的风险等级分类规则

后果严重性					发生可能性				
					1	2	3	4	5
	人员	财物	环境	声誉	同类作业中未听说过	同类作业中发生过	本单位发生过	本单位每年几次	本作业队每年几次
1	可忽略的	极小	极小	极小	1	2	3	4	5
2	轻微的	小	小	小	2	4	6	8	10
3	严重的	大	大	一定范围	3	6	9	12	15
4	个体死亡	很大	很大	国内	4	8	12	16	20
5	多人死亡	重大	重大	国际	5	10	15	20	25

（2）风险降低，权衡成本效益之后，采取措施降低风险的可能性或影响，或同时降低两者的风险应对策略，是一种主动应对风险的策略。例如，购置消防设施防范火灾的发生、定期为职工体检降低职业病风险、增加安保支出防范资产损失等。

（3）风险共担，通过转移来降低风险的可能性或影响，或分担一部分风险。例如，购买保险产品、经营性租赁、从事套期保值交易、分包或外包一项业务活动等。当风险不能通过风险降低的策略来降低其发生可能性、发生频率、损失额，或采用风险降低方法后，企业仍然受到威胁，可考虑风险共担策略。

（4）风险承受，是不采取任何措施去干预风险的可能性或影响。对于在承受能力和可接受风险水平之内的风险，在权衡成本效益之后无意采取进一步控制措施，接受可能发生的风险及其影响。

六、案例测试

资料：D 公司属于一家大型民营股份有限公司，2016 年在生产经营过程中发生以下事项：

1. 2016 年 3 月，D 公司销售部业务员刘某销售的一批货物，到期无法收到货款，经查该客户成立仅仅一年，当年无收入，企业注册资金仅 20 万元，负债 50 万元。该客户的产品由于滞销，资金链已经断裂，在短期内无法恢复偿债能力。进一步追查，发现刘某有收取回扣行为。

2. 2016 年 4 月，D 公司发现一批货物发出数量与合同规定的销售数量不一致，经查实属于销售通知单开具人员失误导致。

3. 2016 年 5 月，D 公司有一新客户到公司购买货物，采取付款提货的交易方式，两天后票据被银行退回，并明确此票据系伪造。

4. 2016 年 6 月，D 公司经过研究决定建造新厂房一栋，该厂房采取招标方式委托建筑公司建造。工程快完工时，D 公司组织专家到现场查看，发现工程质量很差，很多建筑材料不合格。进一步追查，发现承包方不具有建筑资质，承包方与公司某领导关系密切。

5. 2016 年 7 月，D 公司董事会认为，编制预算浪费人力、物力，对企业没有实质作用，决定不再编制预算。

6. 2016 年 9 月，D 公司为利用专业化分工的优势，将部分加工业务委托给外部专业机构完成，D 公司对完成工作进行验收，结果发现成本高，质量差。

要求：逐项识别 D 公司上述事项中面临的主要风险；同时，针对识别出的主要风险，逐项设计相应的控制措施。

七、本章练习题

（一）单项选择题

1. 在企业生产产品或提供劳务，并将其提供给买家，允许买家在一定时间付款，在这一过程企业承担着什么风险（　　）。

A. 操作风险　　B. 信用风险

C. 产品风险　　D. 流动性风险

2. 下列哪项风险属于整体层面的风险？（　　）

A. 验收程序不规范，可能造成账实不符或资产损失。

B. 商业秘密通过企业内部报告被泄露。

C. 无形资产购买决策失误，可能导致不必要的成本支出。

D. 债务过高或资金调度不当，可能导致不能按期偿付债务。

3. 某造纸企业主要生产新闻纸，其原料 80% 从美国进口，所产新闻纸内销和出口各占 50%，经营所需流动资金 50% 需要贷款解决，月平均贷款余额约为 20 亿元（等值人民币）。2018 年年初市场预测，当年人民币对美元将均衡升值 3%，人民银行将从 7 月开始每季度加息 25 个基点，人民币和美元存、贷款利率相同且将同步调整。假定该企业管理层属于风险厌恶型。下列各项关于该企业 2018 年度预算的筹资方案中，最符合管理层要求的是（　　）。

A. 借入 1 年期人民币借款 20 亿元

B. 借入 1 年期美元借款（等值 20 亿元人民币）

C. 借入 1 年期美元借款（等值 20 亿元人民币），并对利率进行套期保值

D. 借入 1 年期美元借款（等值 20 亿元人民币），同时买入等额 1 年到期远期合约

4. 以下对剩余风险描述错误的是（　　）。

A. 剩余风险是实施风险管理及有计划的应对措施后剩余的风险

B. 剩余风险是企业仅对重大、重要风险实施管理后，剩余的不重要、不需管理的风险

C. 剩余风险不应超出企业的可接受水平

D. 不论采取什么风险应对措施，都会有些剩余风险

5. 根据公司各业务单元的风险分布，调整战略，重新分配资源，加强质量控制，提高管理标准，严格执行标准操作程序，强化员工培训与监督，这些措施属于（　　）风险应对策略。

A. 风险规避　　B. 风险降低

C. 风险分担　　D. 风险接受

（二）多项选择题

1. 以下对压力测试的描述中，正确的有（　　）。

A. 压力测试是指在极端情景下，分析评估风险管理模型或内控流程的有效性，发现问题，制定改进措施的方法

B. 压力测试目的是评价风险管理或内控流程的成熟度

C. 假设极端情形时不仅要考虑本企业或类似企业的历史教训，还要考虑历史不曾出现，但将来可能会出现的事情

D. 极端情景是指非正常情况下，发生概率很小，而一旦发生，后果十分严重的事情

2. 某集团管理层做出了风险应对措施决策。下列各项中，正确的包括（　　）。

A. 通过与某国内公司联合进行境外投资项目转移投资风险

B. 在本国和其他国家和地区进行投资，以便缓解和分散集中投资的风险

C. 为了获得更加灵活、质量更高的信息技术资源，将集团全部信息技术业务外包以转移风险

D. 基于成本效益考虑，管理层认为不利事件发生的可能性低而且即使发生对企业影响也很小，决定接受风险

3. 甲公司是在上海证券交易所上市的钢铁生产企业。甲公司60%以上的铁矿石从淡水河谷公司进口。甲公司的长期债务中，长期银行借款占80%。下列各项中，属于甲公司在日常经营中面临的市场风险有（　　）。

A. 利率风险　　B. 流动性风险

C. 商品价格风险　　D. 股票价格风险

4. 有关企业采用风险承受的原因有（　　）。

A. 缺乏能力进行主动管理　　B. 没有其他备选方案

C. 从成本效益考虑　　D. 从企业战略考虑

5. 某矿业集团近期收购了厄瓜多尔铜矿，集团风险管理部派李辉驻该铜矿担任中方管理人员，并负责该铜矿的风险管理工作。下列各项中，李辉可以用以应对该铜矿政治风险的措施有（　　）。

A. 与当地职工建立良好关系

B. 向国际保险公司对该项目政治风险投保

C. 当厄瓜多尔出现自然灾害时，主动进行捐助

D. 在原料、零配件的采购上适当以当地企业优先

（三）判断题

1. 风险是影响目标实现的不确定性，是未来事件最有可能发生的结果。（　　）

2. 风险承受是企业在权衡成本效益之后，准备采取适当的控制措施降低风险或者减轻损失，将风险控制在风险可接受之内的策略。（　　）

3. 风险评估由风险规避、风险降低、风险分担、风险承受构成。（　　）

4. 风险识别是在目标设定的基础上，密切关注内外部主要风险因素，采用定性和定量相结合的方法，按照风险发生的可能性及其影响程度等，对识别的风险进行分析和排序，确定关注重点和优先控制的风险。（　　）

5. 进行风险定量评估时，应统一制定各风险的度量单位和风险度量模型，并通过测试等方法，确保评估系统的假设前提、参数、数据来源和定量评估程序的合理性和准确性。假设前提和参数一经确定，不得进行调整。（　　）

第四章

控制活动

一、学习目标

1. 掌握并能熟练应用企业常用的控制措施；
2. 熟悉信息系统控制的概念和主要内容；
3. 了解信息系统开发、运行、维护、终结等环节的主要风险及其控制；
4. 熟悉信息系统控制中数据输入、处理和输出环节的主要风险及其控制；
5. 熟悉预算控制的组织体系，主要风险及其控制；
6. 熟悉预算编制、执行、调整、分析及考核等环节的主要风险及其控制。

二、本章结构（图4－1）

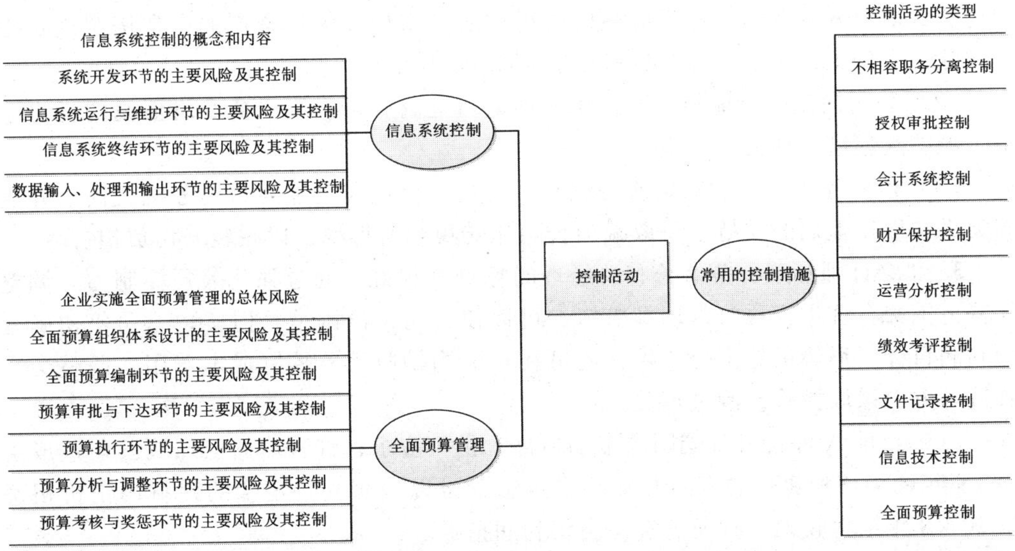

图4－1　第四章控制活动结构图

三、引导案例

资料：某公司以生产建材并出口为主营业务。20×8 年 11 月，公司为应对金融危机，紧急召开董事会会议，研究提升公司业绩、保障公司可持续经营的措施。以下是董事长、总经理和总会计师在董事会会议上的发言摘要：

1. 董事长赵某：本次金融危机对我公司出口影响较大，当前的首要任务是加强公司的控制力，向管理要效益，同时调整经营范围。现提出如下意见：

（1）公司对下属各子公司的重大事项决策、重要项目安排、重要人事任免及大额资金支付等，均由公司董事会统一决策。

（2）信息化是强化管理的重要手段。公司应当全面推进信息化建设，运用现代信息技术和手段，对各子公司的经营活动实施动态监控。

（3）国内建筑行业发展前景较好，可将公司章程规定的业务范围由建材生产和建材出口向建筑行业扩展，请总经理抓紧组织起草投资方案和修改公司章程议案，报董事会审议通过后实施。

2. 总经理钱某：我完全赞同董事长意见，公司建材出口遭受金融危机重创，但某些特定节能环保建材国内市场需求较大，国家还有许多税收优惠政策，我们应当合理筹划，用好用足，既贯彻了国家政策，同时能够提升公司业绩。

（1）根据《国家重点支持的高新技术领域》等规定，公司开发特定节能环保新型建材，本年度内发生的新产品设计费、设备的折旧费和租赁费、工艺装备开发及制造费等研究开发费用，计算应纳税所得额时，未形成无形资产的，在按照规定据实扣除的基础上，按照研究开发费用的 50% 加计扣除。

（2）公司向建筑行业转型，使用自产新型建材，可以享受免交增值税的优惠政策，能够大幅度增加公司收入。

（3）市税务机关负责减免流转税和所得税，公司应当加强与税务机关沟通并搞好关系，取得他们的支持，争取减免公司流转税和所得税，以减轻公司负担。

3. 总会计师孙某：董事长和总经理的意见都很好，通过强化公司控制力，调整经营范围并合理进行税收筹划等措施，可以使公司走出困境，但实现公司年初确定的利润目标，形势仍然十分严峻，还可在扩大内销收入、控制成本费用、调整会计政策等方面采取措施，渡过难关。

（1）目前 A 种建材备受国内市场追捧，供不应求，许多厂商已与我公司达成了 20×9 年购买该种建材的意向并支付了定金，可以按照支付定金的建材内销价格确认 20×8 年销售收入，有助于实现当年利润指标。

（2）本年度还有两个月，可以大幅度压缩成本费用。公司从现在开始，应当严格控制各项不合理开支，严禁突击花钱，原定年终召开的系列大规模会议可以改为电视电话会议。

（3）通过上述措施完成当年利润目标如仍有缺口，可根据公司经营环境的宏观变化，在会计政策方面进行适当调整，比如适度少转内销存货成本和减提固定资产减值准备、无形资产减值准备等，按规定这属于公司的专业判断，企业会计准则是允许的。

会议围绕上述发言进行了充分讨论，全体董事一致通过，最后董事长责成总经理贯彻落实。

要求：分析、判断董事长赵某、总经理钱某、总会计师孙某提出的各项措施有无不当之处，并简要说明理由。

四、主要知识点

控制活动是为应对风险，帮助管理层实现控制目标，确保其指令得以贯彻实施的政策、程序和方法。控制活动要求企业根据风险评估结果，结合风险应对策略，通过人工控制与自动控制、预防性控制与发现性控制相结合的方法，采用相应的控制措施，将风险控制在可接受水平之内，以促进内部控制目标得以实现。常用控制措施一般包括：不相容职务分离控制、授权审批控制、会计系统控制、预算控制、财产保护控制、运营分析控制、绩效考评控制、文件记录控制、内部报告控制和信息系统控制等。

信息系统是企业利用计算机和通信技术，对内部控制进行集成、转化和提升所形成的信息化管理平台，由计算机硬件、软件、人员、信息流和运行规程等要素组成。利用信息系统控制能够减少人为操纵因素，提高企业管理水平。同时，信息系统自身具有复杂性和高风险特征。信息系统控制要求企业能够识别、分析和应对信息系统开发、维护、运行和使用中的相关风险，提高信息系统的安全性、可靠性和合理性，以及相关信息的保密性、完整性和可用性。信息系统控制通常包括一般控制与应用控制。

全面预算是指企业对一定期间的经营活动、投资活动、融资活动等作出的预算安排。全面预算管理不仅是一种有效的内部控制工具，也是一种很好的风险管控手段。同时，全面预算管理自身各环节也面临着种种风险和不确定性，需要进行风险管控。企业实施全面预算管理，需要突出风险管控的导向性，从识别和分析全面预算管理各环节的主要风险入手，并采取有针对性的控制措施，切实提升全面预算管理实施的效率效果。

五、重难点问题

1. 什么是预防性控制？什么是发现性控制？两者有何区别？

预防性控制是为防止错误和非法行为的发生，或尽量减少其发生可能性所进行的一种控制。一般来说，制定规章制度、规范工作程序、增加防护设施、实施人员训练和培养计划等，在管理活动中都起着重要的预防控制作用。

发现性控制也称为检查性控制，是为及时查明已发生的错误和非法行为，或增强发现错误和非法行为机会的能力进行的各项控制。发现性控制一般通过监督检查业务流程和相应的预防性控制能否有效地发挥作用来实现其目标。例如，编制银行存款余额调节表，并追查调节项目或异常项目；财务总监复核月度毛利率的合理性，或实施特定的分析程序来确定某些费用与销售的关系是否与经验数据相符，如果不符，调查原因并采取纠正措施等。

2. 什么是不相容职务相分离控制？以采购业务为例，常见的不相容职务有哪些？

不相容职务是指那些如果由一个人担任，既可能发生错误和舞弊行为，又可能掩盖其错误和弊端行为的职务。不相容职务应分离，由不同的人担任。不相容职务分离的核心是内部牵制思想，其基本原理是两个或两个以上的人或部门无意识犯同样错误的机会是很小的，两个或两个以上的人或部门有意识合伙舞弊的可能性大大低于单独一个人或部门舞弊的可能性。

不相容职务通常包括：业务申请、授权批准、业务经办、会计记录、财产保管、稽核检查等。以采购业务为例，常见的不相容职务有申请采购与请购审批、询价与确定供货商、采购合同的拟定与审批、采购与验收、采购与相关会计记录、验收与相关会计记录、付款申请与审批、付款审批与执行等。

3. 什么是授权审批控制？授权类别一般有哪些？

授权审批控制是在职务分工和不相容职务相分离的基础上，由企业权力机构或上级管理者明确规定有关人员或岗位的职责范围和业务处理权限与责任，使每项经济业务在办理前都事先得到适当授权，各级人员应在授权范围内行使职权和承担责任，经办人员应按审批意见办理相关业务。授权审批控制实际上由授权、审核和批准三个环节构成。对于重大问题决策、重要人事任免、重大项目投资决策、大额资金使用等事项，企业应实行集体决策审批或联签制度，任何个人不得单独进行决策或擅自改变集体决策。

授权管理包括常规授权和特别授权。常规授权是指企业在日常经营管理活动中按既定的职责和程序进行的授权，如销售与收款管理权限，采购与付款管理权限等。特别授权是针对常规授权未规定的事项进行的特殊性、临时性授权，是企业在特殊情况、特定条件下进行的应急性授权。例如，发展新项目业务权限，突发事件处置权限等。

4. 在财产保护控制中，常见的财产保护控制方法有哪些？

（1）建立健全财产记录，会计部门应全面反映企业所有的财产，登记总账和财产明细账，对于已经领用下账的低值品应建立备查账，定期备份相关文件资料。仓储部门或资产使用部门应建立健全资产管理台账，并定期与会计部门对账。

（2）限制未经授权人员对财产的直接接触，现金和银行存款只有出纳人员可以接触，各项财产物资除保管部门或其他授权人员可以接触外，其他部门或人员不可直接接触财产。对外投资、债权债务通常由财务部门配合相关业务部门实施管理，存货通常由仓储部门负责管理，固定资产和无形资产通常由使用单位或专设资产管理部门负责管理。

（3）加强实物资产保管，做好防火、防盗、防霉变、防损坏等。

（4）定期进行财产清查，定期和不定期进行财产清查，账实对照，确保账实相符。

（5）为重要财产购买保险，为重要财产购买保险，如火灾险、盗窃险、责任险等，降低企业经营风险，确保重要财产安全和保值。

（6）规范资产处置，资产处置主要有调拨、出售、投资转出、对外捐赠、非货币性资产交换、报废及将非经营性资产转为经营性资产（或经营性资产转为非经营性资产）等。资产处置应按规定权限审批，重大资产处置，应进行资产评估，并经领导班子集体审议或联签后执行。对于非正常的资产毁损、报废或流失，要分析原因、落实责任、及时处理，必要时组织有关部门进行技术鉴定。对投资转出及非货币交换的资产，应由有关部门或人员提出处置申请，对资产价值进行评估，并出具资产评估报告，报经审批后执行。涉及产权变更的，应及时办理产权变更手续。

5. 会计系统控制作为基础性的控制活动，应从哪些方面做好相关风险的控制工作？

（1）单位会计部门必须做好自身风险的防控，包括：合规风险的防控，如依法设置会计机构并配备合格人员，严格执行国家统一的会计准则，建立和保管会计档案等；报告风险的防控，对外报告必须遵循会计准则和相关法规、监管要求；资产风险的防控，保护资产的安全完整，做到账实相符等。

（2）依法开展会计监督，确保各项经济活动和财务收支合法合规合理。

（3）为其他控制活动提供信息支持，会计部门要充分利用会计系统的信息优势，为企业各项日常活动和风险管理提供信息支持。

6. 针对风险点，在设计具体的控制措施时，应遵守“5W1H”原则，什么是“5W1H”原则？

WHY：此项控制的目的是什么？风险在哪里？

WHERE：哪个部门来执行此项控制？

WHO：谁来执行此项控制？

WHEN：执行此项控制的时间及频率是什么？

WHAT：控制活动的具体内容和对象是什么？

HOW：实施此项控制的方法和工具是什么？

7. 在全面预算管理过程中，预算编制环节的主要风险有哪些？

（1）预算编制以财会部门为主，业务部门参与度较低，可能导致预算编制不合理。

（2）预算编制范围和项目不全面，各个预算之间缺乏整合，可能导致全面预算难以形成。

（3）预算编制所依据的相关信息不足，可能导致预算目标与战略规划、经营计划、市场环境、企业实际等相脱离；预算编制基础数据不足，可能导致预算编制准确率降低。

（4）预算编制程序不规范，横向、纵向信息沟通不畅，可能导致预算目标缺乏准确性、合理性和可行性。

（5）预算编制方法选择不当，或强调采用单一的方法，可能导致预算目标缺乏科学性和可行性。

（6）预算目标及指标体系设计不完整、不合理、不科学，可能导致预算管理在实现发展战略和经营目标、促进绩效考评等方面的功能难以有效发挥。

（7）编制预算时间太早或太晚，可能导致预算准确性不高，或影响预算的执行。

8. 在全面预算管理过程中，预算执行环节的主要风险有哪些？如何控制这些风险？

（1）缺乏严格的预算执行授权审批制度，可能导致预算执行随意。

（2）预算审批权限及程序混乱，可能导致越权审批、重复审批，降低预算执行效率和严肃性。

（3）预算执行过程中缺乏有效监控，可能导致预算执行不力，预算目标难以实现。

（4）缺乏健全有效的预算反馈和报告体系，可能导致预算执行情况不能及时反馈和沟通，预算差异得不到及时分析，预算监控难以发挥作用。

六、案例测试

资料：柳江公司是一家上市公司，生产的系列产品每年都有所增加，由于销路较好，基本上保持产销平衡。公司董事会在审核批准年度财务报告时发现，公司业务招待费超过了按税法规定的税前扣除标准很多，使公司以税后利润支付了部分业务招待费；以税后利润支付的还有按税法规定不允许在税前扣除的两笔赞助费支出，董事会对此也提出了质疑。当进一步与公司管理费用分析表及营业外支出明细表核对时发现，业务招待费没有超过预算，比全年预算数少支出了20多万元，营业外支出中赞助费支出没有列入预算，年初没有预算数。为此，董事会授权公司内部审计部门对公司的费用预算控制进行调查，并提出改进公司预算管理的建议。内部审计部门调查了解到下列情况：

1. 鉴于业务招待费的预算数高于税前扣除标准的情况，内部审计人员向会计部门了解了预算的编制情况。财务部门称，编制预算时没有考虑税前扣除标准的问题，也没有进行总体平衡，业务招待费的预算数是将各职能科室和业务部门的业务招待费预算相加得来的。

2. 各职能科室的业务招待费预算是在上年预算的基础上加5%确定的；业务部

门的业务招待费预算是根据业务水平分别确定了相应的预算数，但在汇总时是按最高的预算数进行合并计算的。

3. 各职能科室都知道业务招待费预算的编制方法，有个别部门年底前费用预算没有用完，由于担心如果预算数结余会影响到下一年的预算，就在年底前慷慨地请客、送礼，大吃大喝，直到接近或达到预算。会计部门只要没有超过预算数，就允许报销。12 月发生的业务招待费支出是全年最多的。

4. 业务部门的业务招待费预算虽然有多个控制标准，但会计部门并没有根据这些部门的业务量来进行控制。当业务部门的业务招待费支出超过预算上限时，就申请调整预算数，会计部门一般情况下都同意调整预算。

5. 内部审计人员查阅了预算批准文件，发现当年的年度费用预算没有按规定经过经理会议讨论批准，而是财务部门将编制完成的预算交由总经理批准的。内部审计人员还了解到，两笔赞助费支出没有按规定提交公司董事会批准，总经理签署了同意支付的批准文件。由于是总经理的决定，没有人对这两件事情提出异议。

要求：

1. 常用的预算方法有哪些？柳江公司的业务招待费预算编制采用了其中的哪些预算方法？

2. 根据上述资料，指出柳江公司在费用预算控制方面存在的问题；

3. 从预算组织情况来看，你认为该公司预算管理是否合理；

4. 针对该公司的情况，你认为应怎样加强费用预算控制。

七、本章练习题

（一）单项选择题

1. 下列控制活动中，属于预防性控制的是（　　）。

A. 编制银行存款调节表

B. 存货实际盘点结果与存货账面记录的调节

C. 重新计算折旧计提金额

D. 将保管现金与记录现金的职能分开，由不同人担任

2. 审批人应在授权范围内审批，不得越权，经办人应在职责范围内，按审批意见办理工程项目业务。对于审批人超越授权范围审批的工程项目业务，经办人有权（　　）。

A. 暂缓办理，并向审批人建议纠正

B. 先按审批人意见办理，并向上级部门报告

C. 先按审批人意见办理，并向审批人的上级授权部门报告

D. 拒绝办理，并及时向审批人的上级授权部门报告

3. 2014 年，WWW 公司针对各类资金支出的审批权限和程序建立了专门的制度。2018 年，WWW 公司对组织机构和岗位设置进行了调整，但 WWW 公司没有及

时对该制度进行修订，导致该制度规定与公司的实际操作并不相符。这种情形表明该公司内部控制存在（　　）缺陷。

A. 设计缺陷

B. 运行缺陷

C. 既不属于设计缺陷也不属于运行缺陷

D. 制度缺陷和运行缺陷

4. 下列与现金业务有关的职责可以不分离的是（　　）。

A. 现金支付的审批与执行　　B. 现金保管与现金日记账的记录

C. 现金的会计记录与审计监督　　D. 现金保管与现金总分类账的记录

5. 以下各项中，能够区分计算机处理和手工处理特征的是（　　）。

A. 计算机处理通常可以减少由于手工操作造成的计算错误

B. 计算机处理的错误和异常在它们发生之后可以立即被发现

C. 在手工处理的条件下，发生系统错误的可能要比计算机处理条件下大

D. 大多数计算机系统被设计出来，使得许多对审计有用的记录不存在了

（二）多项选择题

1. 下列各项，违背了任职亲属回避制度的有（　　）。

A. 甲为某公司总经理，其大学同学乙担任该公司财务部门负责人

B. 丙与其妻子分任某公司财务部门负责人与出纳

C. 丁与其未婚妻同为某公司财务部门会计

D. 戊为某公司财务部门负责人，其兄为该公司营销部门负责人

2. 某银行总行高级程序员在编制利息计算分配自动控制系统时，将每一位储户应分配的利息少分配1—2分，扣留下来的1—2分，自动转移至该程序员设定的账号，造成储户利益流失，因该程序较为隐蔽，长期未被发现。该行在信息系统内部控制上存在哪些风险（　　）。

A. 不相容职务未有效分离

B. 对信息系统开发监控不力

C. 信息系统日常运行维护不规范

D. 未采取必要措施确保关键数据的准确、完整

3. 下列各项中，属于采用自动控制的优势有（　　）。

A. 自动控制能够有效处理大流量交易及数据

B. 自动控制比较容易被绕过

C. 自动信息系统可以提高信息的及时性、准确性

D. 自动信息系统可以提高管理层对企业业务活动及相关政策的监督水平

4. 与信息技术相比，人工控制的缺点在于（　　）。

A. 可能更容易被规避、忽视或凌驾

B. 可能不具有一贯性

C. 可能更容易产生简单错误或失误

D. 信息技术人员可能获得超越其职责范围的数据访问权限

5. 下列选项中，属于控制活动的有（　　）。

A. 因某些特别原因，同意对某个不符合一般信用条件的客户赊销商品

B. 将交易授权、交易记录以及资产保管等职责分配给不同员工

C. 人力资源政策与实务

D. 风险评估程序

（三）判断题

1. 绩效考评控制与运营分析控制不同，绩效考评是一种过程控制。而运营分析强调的是目标导向的结果控制。（　　）

2. 为了便于及时更正录入的基础数据可能存在的差错，信息部门拥有修改基础数据的权限。（　　）

3. 出于不相容职务分离的考虑，企业不得安排同一机构办理任何采购业务全过程。（　　）

4. 股利分配方案属于企业的重大事项，应经过董事会集体决策审批。（　　）

5. 甲集团对某一子公司进行重组，需要在方案 A 和方案 B 中间选择一套执行，领导班子集体讨论确定 A 方案，在实施过程中，重组条件发生改变，集团董事长发现方案 B 更有利，决定改用方案 B。董事长的做法是适当的。（　　）

第五章

信息与沟通

一、学习目标

1. 了解信息与沟通的重要性；
2. 理解信息与沟通的概念及特征；
3. 熟悉和掌握信息与沟通的过程及方式；
4. 了解信息与沟通过程中的主要障碍及其应对措施；
5. 熟悉信息收集与传递的总体风险和管控要求；
6. 熟悉内部信息传递各环节的主要风险及其控制。

二、本章结构（图5-1）

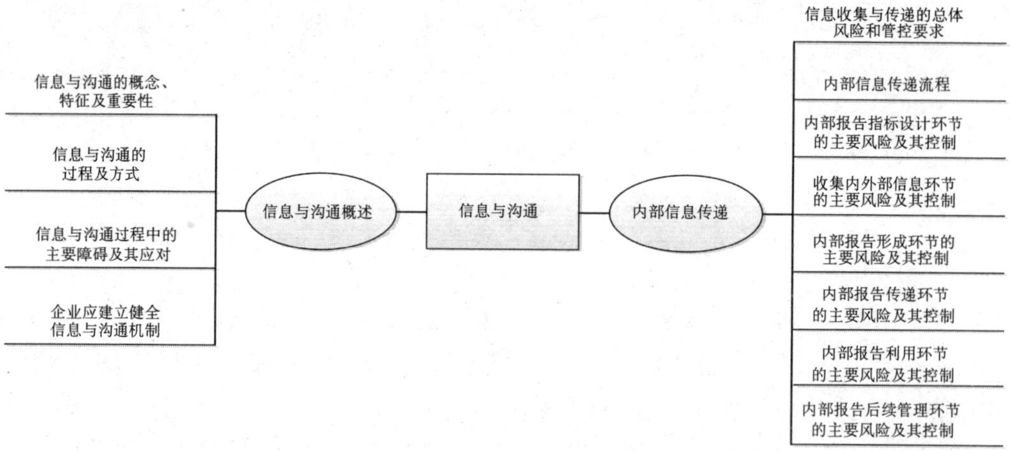

图5-1　第五章信息与沟通结构图

三、引导案例

不会沟通，从同事到冤家。

贾明是公司销售部一名员工，为人比较随和，不爱争执，和同事的关系处得都比较好。但是，前一段时间，不知道为什么，同一部门的李楠老是处处和他过不去，有时候还故意在别人面前指桑骂槐，对跟他合作的工作任务也都有意让贾明做得多，甚至还抢了贾明的好几个老客户。

起初，贾明觉得都是同事，没什么大不了的，忍一忍就算了。但是，看到李楠如此嚣张，贾明一赌气，告到了经理那儿。经理把李楠批评了一通，从此，贾明和李楠成了冤家对头。

贾明遇到的这种事情在工作中是一种常见问题。在一段时间里，李楠对他的态度大变，贾明应该有所警觉，留心是不是哪里出了问题，但贾明只是一味地忍让。忍让不是个好办法，更重要的是应该多沟通。贾明应考虑是不是两人之间有一些误会，可以和李楠聊聊是不是自己有什么地方做得不对，让他难堪了。小矛盾和一些误会在初期通过及时沟通很容易消除。不要到了忍不下去的时候，才选择告状。另一方面，找主管来说明一些事情，不能说方法不对。关键是怎么处理，在这里贾明、经理、李楠三人都没有坚持“对事不对人”的沟通原则，经理对李楠的批评过于草率，没有起到调节作用，反而加剧了二人之间的矛盾。经理应通过耐心细致的思想工作，帮助两人解开产生误会、矛盾的疙瘩。

四、主要知识点

管理和控制随时需要信息，需要沟通。在企业内部控制中，沟通的对象主要是各种管理信息，包括内部信息和外部信息，沟通也包括内部沟通和外部沟通。信息与沟通过程大致分传递和反馈两个阶段，包括信息源、信息发送者编码、传递通道、信息接收者解读信息及其反馈行动等内容。信息与沟通的效率效果会受到各种噪声的干扰，如信息发送者的表达能力、接受者的理解能力等。企业应采取有力措施，切实提升信息与沟通的效率效果，确保高质量信息在企业内部及与企业外部有效传递和沟通。

内部信息传递是企业内部各管理层级、各部门、各岗位之间传递信息的过程。企业应全面梳理内部信息传递过程中的风险点和薄弱环节，建立科学的内部信息传递机制，明确内部信息传递具体要求，关注信息的有效性、及时性和安全性。

五、重难点问题

1. 什么是信息？信息和数据有什么区别？

信息是客观世界中事物特征、状态及发展变化的直接或间接反映，是影响使用者分析和决策的证据。信息（Information）和数据（Data）是有区别的，数据是对某种情况或经济活动的记录，包括数值数据（如各种统计资料数据等）和非数值数据（如图像、表格、文字和特殊符号等）；而信息则是对数据加工处理后对决策有参考价值的证据，是和使用者相关的一种资源。

2. 如何正确理解信息与沟通的含义，需要注意哪些关键点？

信息是影响使用者决策的证据，是科学决策的依据。信息与沟通可以确保相关信息被获取并在组织内部和外部进行有效传递。信息与沟通贯穿于内部控制的全过程，联系着企业内外和上下左右，将整个内控结构凝聚在一起，是保证内部控制过程良好运行的“润滑系统”。

（1）信息和使用者的决策需求相关，正确的决策依赖于充分的高质量信息，信息又是通过决策来体现其自身价值的。

（2）沟通首先是信息的传递，如果信息没有被传递，沟通就没有发生。

（3）成功的沟通，不仅需要信息被传递，还要信息被理解。

（4）沟通的主体是人，即沟通主要发生在人与人之间。

（5）信息与沟通具有时效性，延迟的信息与沟通会降低其功效，甚至可能起到截然相反的作用。

3. 沟通过程中，影响沟通效率效果的主要因素有哪些？

（1）信息的长度和复杂程度。信息越复杂越难以被传递，传递层级越多信息损失越多。信息过载，一次试图传递太多的信息，信息传递的效率效果会降低。

（2）信息发送者的个人特质。信息发送者的表达能力越强、人品越好、专业性越权威、职务层级越高、名气越大，信息传递的效率效果越好。信息发送者用词不当、词不达意、断章取义、口齿不清、语速过快、字体难辨、观念含糊、逻辑混乱、无意疏漏、模棱两可等都可能降低信息传递的效率效果。

（3）信息接收者的个人特质。信息接收者的教育水平、知识结构、接受能力、理解能力、专业经验、年龄背景、个人情绪等个人特质都直接影响信息接收的完整性和理解信息的准确性。专业经验不足、个人负面情绪、态度不端正等都可能降低信息接收的效率效果。

（4）信息传播的方式和渠道。信息传递渠道和沟通方式选择不当也会引起沟通障碍。例如，涉及商业秘密的信息，不宜采取 E－mail、QQ、微信等保密性差的方式沟通；投诉和举报电话、信箱应尽可能广泛地传播，不宜仅停留在文件上；对出席公司年会的重要嘉宾，应通过请柬等书面形式正式邀请；讨论复杂问题的解决方案时可选择研讨会沟通等。

（5）其他干扰因素。例如，组织架构、环境噪音、单位文化、外部压力等都可能影响信息传递与沟通的效率效果。

4. 如何提升信息与沟通的效率效果？

（1）学会倾听。多数情况下的沟通是互动过程，学会有效倾听是技能，也是修养。聆听有听而不闻、假装聆听、选择性聆听、专注地聆听、设身处地地聆听等多种境界。有效地聆听，应认真地听、用心感受、大脑思考、适当记录、眼神交流、积极互动、概括复述重要内容，并与自己的体会经历做比较。

（2）提升表达能力。表达能力是工作和生活的关键技能，一句话可以架起友谊的桥梁，也可能成为隔阂的藩篱。语言表达有很多技巧和艺术，要努力提升。

（3）多用积极的肢体语言。积极的肢体语言有精力集中、神情专注、恰当的表情和目光接触、思考性地点点头、身体正面朝向对方、身体适度前倾、理解的附和声等；消极的肢体语言有身体远离对方、捂着鼻子、目光游离、手捂嘴巴、握紧拳头、烦躁地走动、玩弄手机、频繁看表、不停眨眼、乱写乱画等。

（4）构造良好的沟通环境。例如，认真准备、尊重对方、面带微笑、相互信任、理解宽容、换位思考、建立感情、关闭手机、自我克制、不轻易打断对方、选择友好轻松的场所等。

5. 在重大危机面前，为引导企业转“危”为“机”，应遵循哪些处理原则？

如果发生可能带来重大负面影响的事件，在信息与沟通方面，企业应加强舆情管理，重视与媒体的沟通，及时向利益相关方和主流媒体澄清事实真相，积极采取措施降低负面影响，安抚公众情绪，挽回企业声誉和损失。

（1）TTT（Tell The Truth）原则，告诉公众真相，不要试图谎报和瞒报。想让谣言无处可藏，就让真相大白于天下。

（2）OOO（Only One Out）原则，唯一而权威的新闻出口。事件发生后，迅速抢占舆论的桥头堡，由权威人士通过官方主流媒体对外发布新闻，并确保信息的权威可靠。

（3）FFF（First person，First time and First place）原则，一把手在第一时间到达现场。事件发生后，相关单位或部门主要负责人反应要快，责任人和领导要迅速到达现场指挥应对。

（4）PPP（People，People and People）原则，救人优先，人的生命安全和身体健康高于一切。

（5）SAS（See and Seen）原则，让公众看到希望，人们正在努力，事情正向好的方向转变。

6. 企业应当从哪些方面建立反舞弊机制？反舞弊关注的重点在哪里？

企业应建立反舞弊机制，坚持惩防并举、重在预防的原则，明确反舞弊工作的重点领域、关键环节和有关机构在反舞弊工作中的职责权限，规范舞弊案件的举报、调查、处理、报告和补救程序。明确举报投诉处理程序、办理时限和办理要求，确保举报、投诉成为企业有效掌握信息的重要途径。企业应建立举报投诉制度和举报人保护制度，设置举报信箱和投诉热线。企业应定期召开反舞弊情况通报会，通报反舞弊工作情况，分析反舞弊形势，发挥警示作用。

反舞弊工作应重点关注：

（1）未经授权或者采取其他不法方式侵占、挪用企业资产，牟取不当利益。

（2）在财务会计报告和信息披露等方面存在的虚假记载、误导性陈述或重大遗漏等。

（3）董事、监事、经理及其他高管人员滥用职权。

（4）相关机构或人员串通舞弊。

六、案例测试

王鹏的苦恼。

王鹏是一位名牌大学的管理学硕士毕业生，工作不到一年便出任某大型企业的制造部经理。王鹏一上任，就对制造部进行改革。王鹏发现生产现场的数据很难及时反馈上来，决定先从生产报表上开始改革。借鉴某跨国公司先进的生产报表，王鹏设计了一份非常完美的生产报表，从报表中可以看出生产中的每个细节。

每天早上，所有的生产数据都会及时地放在王鹏的桌子上，王鹏很高兴，认为自己拿到了生产的第一手数据。没过几天，发生了一次较大的安全生产责任事故，但从生产报表上根本没有反映出任何迹象，王鹏这才知道，报表的数据都是相关人员随意填写上去的。

为了这件事情，王鹏多次开会，强调认真填写报表的重要性，但每次开会，在开始几天可以起到一定的效果。但过不了几天又返回了原来的状态。王鹏怎么也想不通问题到底出现在哪儿呢？

王鹏的苦恼在很多企业普遍存在。现场操作人员，很难理解王鹏的目的，因为数据分析距离他们比较遥远。大多数员工只知道好好工作，做好自己分内的事情就可以了。不同的人所站高度不同，单纯开会强调，效果是不明显的。王鹏该怎么做，才能改变这种现状呢？请您帮他出谋划策。

七、本章练习题

（一）单项选择题

1. 项目经理发出了关于数月来项目状态一系列报告，用以表明在与合同方的项目谈判中出现的问题，这种沟通是（　　）。

A. 正式的言语沟通　　B. 正式的书面沟通

C. 非正式的言语沟通　　D. 正式的书面沟通

2. 下列不属于信息与沟通文档的是（　　）。

A. 财务报告　　B. 会议记录

C. 调查问卷　　D. 员工守则

3. 下列各项中会妨碍信息与沟通进行的是（　　）。

A. 高级管理层向雇员传达清晰的信息

B. 公司建立公开的沟通渠道

C. 若雇员上报错误的信息要为此承担责任

D. 雇员应当遵循的政策及程序应当在公司内从上至下传达

4. 在对限制进入的工作场地的控制进行实地测试时，有两名员工向内部审计师反映某工序所用的化学品引起头痛和其他症状。内部审计师应该（　　）。

A. 详细听取每个人的陈述，并调查事实

B. 告诉他们内部审计活动不涉及此类事情

C. 建议他们此类事情最好通过管理渠道来沟通，并告知审计经理

D. 建议他们去找公司法律部门

5. 最可能代表内部审计部门使用个人电脑准备的数据文件，相对于手工准备的数据文件的缺点是（　　）。

A. 精力主要放在编程过程的准确性，而不是每个交易的错误

B. 个人电脑准备的数据文件通常更容易地被非法的人进入和修改

C. 以不同方式处理类似交易的随机错误更大

D. 通常更难比较文件中的信息与物理盘点资产

（二）多项选择题

1. 企业获取内部信息的渠道有（　　）。

A. 财务会计资料　　B. 专项信息

C. 调研报告　　D. 办公网络

2. 下列有关企业内部控制信息与沟通要素的表述中，正确的有（　　）。

A. 信息与沟通针对的是企业内部生成的信息，不涉及企业外部的信息

B. 信息系统生成与控制目标及其实现程度有关的信息，从而使对业务的管理和控制成为可能

C. 有效的信息沟通需要自上而下、自下而上或平行地贯穿于企业之中

D. 管理层与下属相处时的行为也会成为有效的信息沟通方式

3. 关于企业内部报告的形成和传递，下列说法中正确的有（　　）。

A. 企业应当建立内部报告审核、保密和评估制度

B. 企业内部各管理层级均应当指定专人负责内部报告工作，在任何情况下不得越权上报信息

C. 内部报告应当简洁明了、通俗易懂、传递及时

D. 企业应当拓宽内部报告渠道，广泛收集合理化建议

4. 有效的反舞弊机制，是企业防范、发现和处理舞弊行为、优化内部环境的重要制度安排，以下各项中属于反舞弊环节主要风险点的有（　　）。

A. 忽视了对员工的道德准则体系的培训

B. 内部审计监察不严

C. 信访事务处理不及时

D. 针对传递不及时、信息不准确的内部报告缺乏相应的惩戒机制

5. 下列有关信息与沟通的叙述，正确的有（　　）。

A. 信息价值不仅是数量的多寡，同时也要考虑信息的质量

B. 信息应具相关性、正确性、时效性等原则

C. 高质量的信息不嫌多，因为越多高质量的信息，对决策制定越有帮助

D. 信息系统除正式系统外，也可将非正式系统纳入

（三）判断题

1. 内部报告应当简洁明了、通俗易懂、传递及时，便于企业各管理层级和全体员工掌握相关信息，正确履行职责。（ ）

2. 为防止企业商业秘密泄露，合同谈判工作只能由企业内部人员参加。（ ）

3. 企业内部的运营情况、技术水平、财务状况以及有关重大事项等通常涉及商业秘密，内幕信息知情者（包括董事会成员、监事及其他涉及信息披露有关部门的涉密人员）都负有保密义务。（ ）

4. 企业应制定内部报告传递制度，严格按设定的传递流程对内部报告进行流转，不应越级传递。（ ）

5. 为了防止小道消息的传播，企业应禁止使用非常规的沟通渠道。（ ）

第六章

资产业务内部控制

一、学习目标

1. 理解和掌握资产业务内部控制的基本思路；
2. 掌握货币资金内部控制的目标、总体风险和流程设计；
3. 掌握存货业务内部控制的目标、总体风险和流程设计；
4. 熟悉存货业务各环节的主要风险及其控制；
5. 掌握固定资产内部控制的目标、总体风险和流程设计；
6. 熟悉固定资产业务各环节的主要风险及其控制；
7. 掌握无形资产内部控制的目标、总体风险和流程设计；
8. 熟悉无形资产业务各环节的主要风险及其控制。

二、本章结构（图6－1）

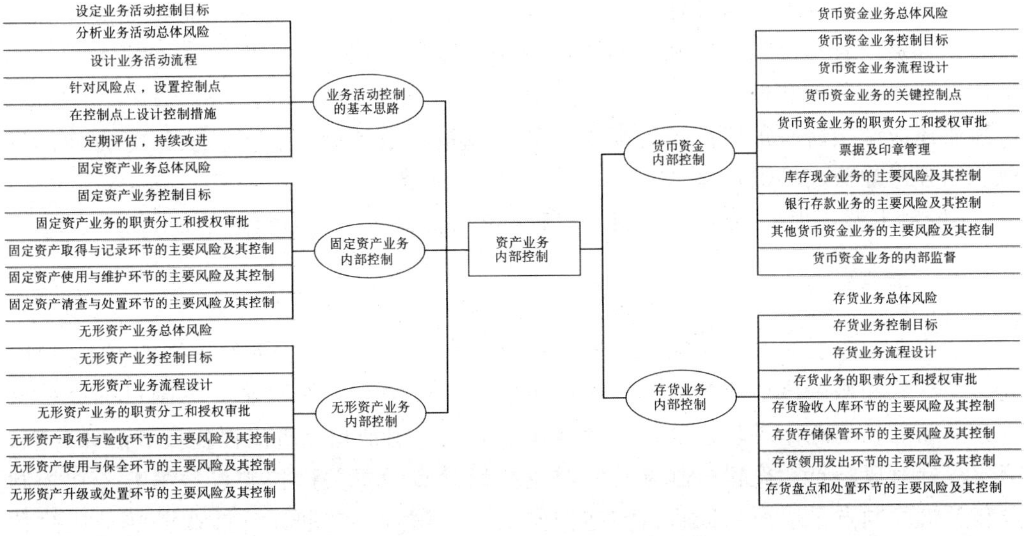

图6－1　第六章资产业务内部控制结构图

三、引导案例

郑州亚细亚商场于1989年5月开业，之后仅用了7个月时间就实现销售额9000万元，1990年达1.86亿元，实现税利1315万元，一年就跨入全国50家大型商场行列。到1995年，其销售额一直呈增长趋势，1995年达4.8亿元。亚细亚商场以其在经营和管理上的创新创造了一个高速增长的奇特现象。来自全国30多个省市的近200个大中城市的党政领导、商界要员去参观学习。然而，1998年8月15日亚细亚商场悄然关门，面对这个残酷的事实，人们众说纷纭。导致商场倒闭的原因是多方面的，而其内部控制的极端薄弱是促成倒闭的主要原因之一。下面仅就其商场冠名权转让方面的内部控制进行分析。

商场冠名权属于无形资产，其转让由总经理一人说了算，只要总经理签字同意，别人就可以建一个亚细亚商场。在经营管理上，尽管亚细亚商场有派驻人员，但由于并不掌控管理，所起的作用不大。这种冠名权的转让，既带来了规模的迅速扩张，也给亚细亚商场的内部控制带来了重大挑战。

在内部控制和管理方面，各地的亚细亚商场并没有统一的标准，缺少对相关风险的严格管控，导致了很多加盟商场内部控制混乱，在管理方面、服务质量或产品质量等诸多方面给顾客留下了不好的印象，在社会上造成了不良影响，对亚细亚商场这个品牌造成重大影响，带来了严重的负面效应。

亚细亚商场冠名权的转让，属于公司重大交易，应经董事会讨论审议后决策，不能由总经理一人说了算，这样容易形成管理层凌驾，导致内部控制失效，甚至发生营私舞弊现象。对于重大无形资产转让项目，还应聘请独立的中介机构或专业人士进行可行性研究及价值评估。由于存在大量冠名权的转让交易，亚细亚应设置专门的无形资产管理部门，明确无形资产业务办理的岗位职责、权限，确保不相容岗位相互分离、制约和监督。亚细亚应当对商场冠名权风险进行分析、评估和管理。亚细亚还应统一所有加盟商场的标识、装饰风格、服务标准、产品质量等方面的管理，加强对加盟商场的控制。

（资料来源：根据2005年3月29日《市场报》第十九版报道整理）

四、主要知识点

企业在业务层面实施风险控制的基本思路是：第一，根据内部控制的五大目标，进一步细化和明确该项业务活动的内部控制目标；第二，针对业务控制目标分析该业务活动面临的总体风险；第三，设计业务流程，识别和分析流程各环节的风险点；第四，针对风险点，设置控制点，针对主要风险点设置关键控制点；第五，在控制点和关键控制点采取控制措施，实施控制活动；第六，定期评价该业务活动风险控制的有效性，持续改进其内部控制和风险管理水平。

货币资金具有流动性强、控制风险高等特征。很多贪污、诈骗、挪用公款等违法乱纪行为都与货币资金有关。企业应根据经营特点和业务性质等，设计不同货币资金业务的处理流程，系统梳理各流程环节的主要风险，并有针对性地采取相应的风险防控措施。存货具有流动性强、品种繁杂、存放地点分散、多种计价、易短缺或被盗等特点。企业应系统梳理存货验收入库、存储保管和发出等环节的主要风险，采取有效措施，控制相关风险。固定资产是企业生产经营的主要劳动资料，直接影响到企业的可持续发展能力。企业应设计并执行固定资产业务流程，明确固定资产投资预算编制、取得与验收、使用与维护、处置等环节的主要风险和控制要求，确保固定资产业务全过程得到有效控制，保证固定资产安全、完整和高效运行。无形资产对提升企业创新能力和核心竞争力具有重要作用。企业应加强管理，对无形资产取得、验收、使用、保护、评估、升级、处置等环节的主要风险进行管控，确保无形资产业务全过程得到有效控制，以保护资产安全，提高使用效率。

五、重难点问题

1. 在业务活动层面，企业实施控制活动的基本思路是怎样的？

（1）根据内部控制的五大目标，进一步细化和明确该项业务活动的内部控制目标；

（2）针对业务活动控制目标分析该业务活动面临的总体风险；

（3）设计业务流程，识别和分析流程各环节的风险点；

（4）针对风险点，设置控制点，针对主要风险点设置关键控制点；

（5）在控制点和关键控制点采取控制措施，实施控制活动；

（6）定期评价该业务活动风险控制的有效性，持续改进其内部控制和风险管理水平。

2. 设计业务流程应遵循哪些原则？

业务流程设计是建立在合理分工和相互牵制的基础上，将业务循环管控的目标、风险点、控制点、控制手段、控制措施、制度依据、职责分工、基本流程、考评政策等加以规范化、文件化、程序化的过程。流程设计应遵循风险导向、标准化、专业化和协同性等原则。

3. 设计业务流程图应注意哪些事项？

（1）画线要求。每个流程图均有开始和结束（用类似椭圆的形状表示），或流程转入或转出，禁止出现死循环，流程图通常只能有一个逻辑上的起点，至少有一个逻辑上的终点；判断和决策符号用菱形表示，通常有一条流入线，至少有两条流出线，二元选择有两条流出线，多元选择有多条流出线；作业用方框表示，终止符号不可以有流出线，除了起始符号之外，每个符号必须有一条流入线。

（2）使用规范的流程图符号。企业可自行设计比较实用的流程图符号，基本原则应该是简易、形象和公识，也可以使用 Office 软件常用的制图符号。

（3）流程各步骤衔接要顺畅。流程图通常以业务流程为主线，自始至终要前后衔接、流程通畅，也就是一种业务的流程从头流到尾，不能出现流不通的情况。

4. 设计业务活动流程图的基本步骤有哪些？

（1）明确业务活动控制目标，梳理业务活动基础信息，明确流程起点和终点，按风险导向原则，兼顾效率效果提炼流程步骤。

（2）系统梳理各专业和各项业务活动的不相容职责或岗位，明确关键职责和岗位。

（3）将流程所涉及的管理层级、部门和岗位按职责匹配到流程各步骤。

（4）明确各流程步骤所涉及的业务活动、流程接口、文档等信息。

（5）沟通协调流程中涉及的各部门，分清主体责任部门、牵头责任部门和配合部门，明确各部门责任和业务衔接，厘清工作界面，设定流程横向衔接点。

（6）沟通协调流程中涉及的上下各层级，厘清责任界面，明确流程上下对接点。

（7）填写控制目标、风险点、控制点、控制手段、控制措施、涉及岗位、岗位权限、匹配制度等信息，绘制连接线条。

（8）对流程信息的完整性、准确性进行审核，并对流程进行模拟穿行测试，检查能否走通。

5. 什么是风险点？什么是控制点？什么是关键控制点？

内部控制的基本逻辑是“目标—风险—控制”。风险点是影响目标的不确定性，由风险因子、潜在事件、潜在影响等构成。控制点是在流程运行过程中能抑制风险发生概率或减少风险损失，能协助业务控制目标实现，及前一步骤正确性的操作环节、步骤或过程。控制点是解决在哪些环节、步骤或过程采取措施和实施控制的问题。

主要风险必须在关键控制点上加以预防和控制，关键控制点应设置在最佳、最有效的控制点上。目前对于关键控制点的相关研究很少，ISO22000（食品安全管理体系的国际标准）将关键控制点定义为：能够施加控制，并且该控制对防止、消除某一食品安全危害或将其降低到可接受水平是必需的某一步骤。即关键控制点是食品生产过程中的某一点、步骤或过程；关键控制点是可以控制的；在关键控制点通过控制消除或降低危害；可接受水平是指免除法律责任和食品安全方针要求的最大危害程度。

6. 如何设定货币资金业务活动的控制目标？

货币资金内部控制目标是内部控制五大目标在货币资金业务中的具体化，可设定如下：

（1）货币资金业务的合规目标：有效防范货币资金业务过程中的差错和舞弊，促进其会计核算、财务收支等活动合法合规，手续齐备，符合单位内部的各项规章制度规定；

（2）货币资金业务的资产目标：保护库存现金、银行存款和其他货币资金的安全完整，防范资金被盗窃、诈骗和挪用，严防“小金库”；

（3）货币资金业务的报告目标：做好并保持各种原始记录，及时、准确、完整地记录资金活动，按会计准则要求组织会计核算，并确保相关记录、资料和信息真实完整可靠，为相关用户提供相关可靠的高质量信息；

（4）货币资金业务的运营目标：合理调度资金，有效使用资金，加快资金周转，防止或减少资金的闲置与浪费，提高资金效益，提高企业经营的效率和效果；

（5）货币资金业务的战略目标：将货币资金业务与公司战略及年度经营计划紧密联系，能与公司发展战略及经营计划相匹配，有效支持企业战略和经营计划的实施，促进公司战略的实现等。

7. 固定资产业务中，应予以分离的不相容职务有哪些？

固定资产业务不相容岗位至少包括：固定资产投资预算的编制与审批，审批与执行；固定资产采购、验收与款项支付；固定资产投保的申请与审批；固定资产处置的申请与审批，审批与执行；固定资产取得与处置业务的执行与相关会计记录。

六、案例测试

资料：ABC 公司属于国有控股的有限责任公司，主营精密设备的制造与销售，其产品在生产过程中需要耗用一种特殊材料，此材料属于稀有金属，价格比黄金还要贵重。为加强对这种贵重物资的管理，ABC 公司制定了一些特殊规定。根据规定，这种特殊材料领料单必须经公司两位副总以上职位的高层领导签字，且必须由需要这种特殊材料的 XY 生产车间的车间主任亲自领取。2016 年 6 月，XY 车间的车间主任连续请病假 1 个月，6 月 16 日，XY 车间员工李某持已有两位公司副总签字的领料单，到仓库领取这种特殊材料，称车间主任病休，车间急需要这种材料。为避免生产停工，材料保管员向持单员工李某发出了相关材料。后经查实，两位公司副总签字系伪造，车间员工李某携带贵重材料当晚潜逃。

要求：请您站在内部控制评价的角度，分析一下 ABC 公司在这种特殊材料的风险管控方面，存在哪些设计或执行的缺陷？应该如何改进？

七、本章练习题

（一）单项选择题

1. 材料的领料作业，因仓库人力不足及考虑发料效率问题，采用先发料后补输入及打印领料单给各领料部门签字确认的程序，该项作业程序（　　）。

A. 不适当，材料移转数据可能有缺失

B. 适当，不会导致库存数与账面数不相符

C. 适当，不会导致耗料成本及库存金额错误

D. 不适当，但可提高营运效率

2. 对现金控制的审计显示记账人签发费用支票并调节支票账户。如果现金账户

调节表是及时的，且没有发现任何现金短缺，内部审计师应该推断出（　　）。

A. 关于现金收入记录的内部控制是充分的

B. 关于现金会计核算的内部控制是不充分的

C. 关于现金账户调节的内部控制是充分的

D. 关于现金实物安全的内部控制是充分的

3. 为减少与实物资产相关的潜在财务损失，资产应该按一个数额保险，这个数额是（　　）。

A. 依据定期的评估确定

B. 由董事会决定

C. 等于单个资产的账面价值

D. 根据经济指数例如消费价格指数自动调整

4. 甲公司财务部只有 3 名员工：1 名财务经理，1 名会计和 1 名出纳。甲公司下列日常资金运营管理的控制活动中，属于发现性控制的是（　　）。

A. 出纳不能负责登记银行日记账

B. 财务专用章、企业法人章分别由出纳和会计保管

C. 财务经理虽然不负责编制任何会计凭证，但必须复核会计、出纳编制的全部会计凭证

D. 财务经理复核由会计人员按月编制的银行存款余额调节表，并调查异常调节项目

5. 列各项内部控制程序中，可以防止已付凭单重复付款的是（　　）。

A. 凭单由负责签发支票的人编制

B. 凭单应经二位以上的负责主管核准

C. 凭单上的日期应在凭单支付日的数天内

D. 主管根据凭单签发支票后，应立刻打洞或注销凭单及附件凭证

（二）多项选择题

1. 企业内部除存货管理部门及仓储人员外，其他人员接触存货时，应有相关部门特别授权，这体现了（　　）控制活动。

A. 授权审批控制　　B. 会计记录控制

C. 财产保护控制　　D. 定期轮岗控制

2. 以下各项中，表明在资产保护方面可能存在控制弱点的有（　　）。

A. 某服务部门的地理位置不是非常适合于为其他组织提供足够的服务

B. 聘用敏感职位的人员时没有审查其背景

C. 经理们没有获得有关其他同类组织总体经营情况报告的机会

D. 管理部门没有采取正确的行动，去解决过去审计中发现的与存货控制有关的问题

3. 某贸易公司的应收票据管理存在缺陷。下列选项中可以完善应收票据的内部

控制措施有（　　）。

A. 审查背书审批手续

B. 指定专人登记保管应收票据

C. 复核并调查所有与发票不配比的销售凭证

D. 定期对应收票据进行清查盘点

4. 下列关于固定资产的验收风险控制措施的描述中，正确的有（　　）。

A. 工程项目交付使用前应办理竣工决算和工程验收

B. 购入的一般固定资产也必须办理验收手续

C. 编制验收报告，列明数量、型号、供应商或建造商等信息

D. 根据工程项目的验收情况实施竣工决算审计

5. 在甲公司内部控制的安排中，下列各项不能有效预防坏账损失发生的内部控制有（　　）。

A. 在与客户谈判过程中，授权甲公司业务员将销售价格尽量降低到客户最希望的程度，以降低客户因交易金额过大而发生拒付款项的可能性

B. 在与新客户建立业务关系前，甲公司市场部必须系统调查新客户的资信状况

C. 在销售合同中明确规定预收账款在整个交易金额中的比例，并要求客户对未付款项提供担保

D. 甲公司法律部必须在欠款客户破产清算过程中及时申报其债权，并要求合理清偿

（三）判断题

1. 对于已入库存货需要办理退库的，应及时修改入库单，按规定程序办理退库。（　　）

2. 企业无论是通过外购、自己生产还是债务重组等其他方式取得的存货都应验收入库，不能够未经仓储直接运抵生产或销售现场。（　　）

3. 无形资产具有保密性质的，应当采取严格保密措施严防泄露商业秘密。（　　）

4. 为方便业务人员办理相关交易的需要，企业可将空白支票提前加盖相关印章，由业务人员持有，并根据支付需要补填收款人单位、款项用途、付款金额等信息。这种做法是可取的。（　　）

5. 同一企业的存货在不同仓库之间流动，为简化手续可以不用办理出入库手续。（　　）

第七章

购销及投融资业务内部控制

一、学习目标

1. 掌握采购业务内部控制的目标、总体风险和流程设计；
2. 熟悉采购业务各环节的主要风险及其控制；
3. 掌握销售业务内部控制的目标、总体风险和流程设计；
4. 熟悉销售业务各环节的主要风险及其控制；
5. 掌握投资业务内部控制的目标、总体风险和流程设计；
6. 熟悉投资业务各环节的主要风险及其控制；
7. 掌握融资业务内部控制的目标、总体风险和流程设计；
8. 熟悉融资业务各环节的主要风险及其控制。

二、本章结构（图7-1）

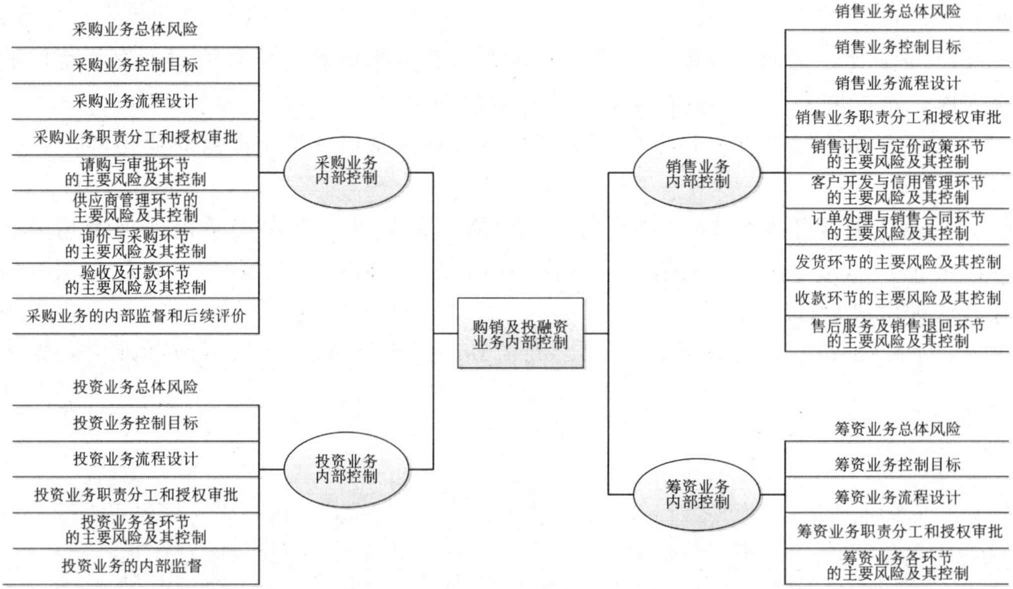

图7-1 第七章购销及投融资业务内部控制结构图

三、引导案例

资料：2016 年 4 月 1 日，中原公司准备采购一批原材料，采购部门接到一个不熟悉供货商的电话，表示可以送货上门，并分两批送货。采购经理认为风险较小，且价格优惠，所以双方签订了采购合同，合同金额 3000 万元。由于是首次交易，根据公司内部控制制度规定，验货合格后付款，第一批货物到达后，经检验合格，中原公司按合同支付了 1500 万元的合同款。在第二批货物到达前，对方来电说明因资金紧张，让中原公司先付款。由于经过检验上批货物质量很好，所以公司采购经理要求财务人员先行付款。财务人员当即付款 1500 万元，但后来对方并未及时送货，经查此供货商系空壳公司，公司负责人已潜逃。

要求：在这起事件中，请分析中原公司的采购业务内部控制是否存在缺陷，如果存在缺陷，请说明理由。

四、主要知识点

采购、销售、投资及筹资等业务循环是企业的核心业务，也是差错和舞弊频发的高风险领域，企业应高度重视。在业务活动层面企业应围绕控制目标、业务流程、风险点、控制点、控制措施、持续监督等关键词开展控制活动。在细化和明确业务控制目标的基础上，识别和分析业务风险，设计业务流程，设置关键控制点，针对主要风险点在关键控制点上采取控制措施，将业务风险控制在可接受水平之内。

采购是企业生产经营的起点，采购业务一般涉及请购与审批、询价与采购、结算与付款等环节，主要作业有编制请购单并报经审批、编制采购计划、进行采购询价、确定供应商、签订采购合同、预付货款、组织送货、货款结算、应付账款记录、与供应商对账等。销售是企业实现经济利益流入的关键环节，一般涉及销售、发货、结算、收款等环节，主要作业有接受订单、信用调查、签订合同、预收货款、开票发货、货款结算、账款回收、应收账款管理、呆坏账处理等。投资属于高风险经济活动，业务流程一般涉及可行性研究、投资决策、投资执行、投资处置、投资评价等环节。主要作业有提出投资建议、拟订投资方案、进行可行性论证、编制投资计划、投资计划审批、投资执行、收益或减值核算与持续管理、投资处置、投资评价与考核等。筹资是企业整个经营活动的基础，为企业筹措投资和经营所需的资金。筹资业务通常涉及拟订筹资方案、进行可行性论证、筹资方案审批、编制筹资计划、执行筹资方案、筹资活动评价与责任追究等流程。

五、重难点问题

1. 采购业务的内部控制目标如何设定？

（1）促进采购业务合法合规。采购业务必须符合国家法律法规和企业内部各项规章制度的要求，有效预防差错和舞弊行为的发生。

（2）保证采购过程中相关资产安全完整。既要保证企业所购货物安全完整、保质保量地运达企业，又要保证应付账款的真实性和货款支付的严密性。

（3）提高采购业务的效率和效益。采购必须适应企业生产、销售和管理的需要，既要避免重复采购、盲目采购，也要避免因采购不及时而影响生产经营的正常运行。在满足需要的前提下，要合理决策，努力降低采购成本，减少采购资金占用和采购环节的损失，提高采购业务的经济效益。

（4）采购业务报告目标。按会计准则及相关规章制度的规定，及时、准确、完整地记录采购和付款过程，保证信息质量，为使用者提供真实、准确和完整的相关信息。

（5）与企业战略和年度经营计划紧密联系，使采购业务能有效支持企业战略和经营计划。

2. 采购业务中常见的风险有哪些？

（1）采购行为违反国家法律法规或部门规章，可能遭受外部处罚、经济损失或信誉损失；

（2）采购未经适当审批或越权审批，可能因重大差错、舞弊、欺诈而导致损失；

（3）请购依据不充分、不合理，审批程序不规范、不正确，可能导致企业资产损失、资源浪费或发生舞弊；

（4）询价与采购不规范，可能由于业务经办人员舞弊、腐败、渎职等行为的发生而导致企业资金损失，或信用受损，或采购物品质量达不到合同要求；

（5）付款方式不恰当、执行有偏差，可能导致企业资金损失或信用受损。

3. 销售业务中应予以分离的不相容职务有哪些？

销售业务的不相容岗位至少应包括：客户信用管理与销售合同的审批、签订；销售合同的审批、签订与发货办理；销售货款的确认、回收与相关会计记录；销售退回货品的验收、处置与相关会计记录；销售业务经办与发票开具、管理；坏账准备的计提与审批、坏账的核销与审批。

4. 投资业务中常见的风险有哪些？

（1）盲目并购，贪大求全，与企业发展战略不符，可能为企业带来发展风险；

（2）投资行为违反国家法律法规，可能遭受外部处罚、经济损失和信誉损失；

（3）投资业务未经适当审批或越权审批，可能因重大差错、舞弊、欺诈而导致损失；

（4）相关员工不具备良好的职业道德和必要的专业知识；

（5）投资项目未经科学、严密的评估和论证，可能因决策失误导致重大损失；

（6）投资项目执行缺乏有效的管理，可能因不能保障投资安全和投资收益而导致损失。

5. 投资业务中应予以分离的不相容职务有哪些？

投资业务中的不相容职务至少应包括：投资计划的编制及可行性研究与投资项目评估；投资审批与投资执行；投资处置环节的申请、执行与审批；投资绩效评估与投资执行；投资执行与会计记录；投资执行与有价证券保管；会计记录与有价证券保管等。

6. 筹资业务中常见的风险有哪些？

（1）缺乏完整的筹资战略规划，盲目筹资，使企业资本结构、资金来源结构、利率结构、资本成本等频繁变动，给企业带来财务风险；

（2）缺乏对企业资金现状的全面认识，无法正确评估资金的实际需要及期限等，容易导致筹资过度或筹资不足；

（3）缺乏完善的授权审批制度，容易使筹资活动草率决策，给企业带来潜在风险；

（4）缺乏对筹资条款的认真审核，可能使企业在未来潜在经济纠纷或诉讼中处于不利地位；

（5）因无法保证支付利息、股利股息等筹资成本导致的风险；

（6）缺乏严密的跟踪管理制度导致的风险。

六、案例测试

资料：某公司属于中小企业，材料采购由供应部经理审批、专门采购员实施，各项费用由总经理签字报销。某日，采购员在采购时发现当地主要媒体宣传另一公司 A 产品正在开展促销活动，称其为高科技产品，可以替代本企业主要原料并能够节约成本 30% 以上，促销时间仅有两天。采购员认为时间过于紧张，来不及请示供应部经理，因此直接电告公司总经理，总经理决定采购 100 吨，价税合计 100 万元。采购员当即采购并由仓库验收入库，经总经理签字后办理了货款支付手续。后来生产车间反映，该批材料不适应生产要求，只能折价处理，造成损失 60 万元。总经理指示调整成本预算，将 60 万元损失计入正常材料耗费。

要求：请您分析该公司的采购业务内部控制是否存在缺陷，如果存在缺陷，请说明理由。

七、本章练习题

（一）单项选择题

1. 以下关于企业销售业务的“授权”控制活动中，存在缺陷的是（　　）。

A. 在销售发生之前，赊销已经正确审批

B. 未经批准的销货一律不准发货

C. 销售价格、销售条件、运费、折扣由销售人员根据客户情况进行谈判并签订合同

D. 对于超过既定销售政策和信用政策规定范围的特殊销售业务，采用集体决策

方式

2. 以下是甲公司规定的销售业务价值流转的部分程序。在这些控制设计中，你认为存在缺陷的是（　　）。

A. 开具账单的人员根据商品价目表的单价和发货凭证的数量开具销售发票，发货凭证留底，发票副联交财务部门记账

B. 会计部门记账前，根据销售发票的号码推算已开具的销售发票的张数，并与实际清点的张数核对一致

C. 开具发票后，连同由公司自行编制、连续编号、贴足邮票的汇款通知单交购货方，以便其实际付款时通过快件直接寄给公司财务部门不负责收款的人员

D. 每月由财务部门收取汇款通知单的人员向未付款的大额客户寄发月末顾客对账单

3. 防止采购人员偏爱一些特定供应商的控制措施有可能是（　　）。

A. 要求管理层对每名采购员所编制的月度开支总额报告进行审查

B. 要求采购员遵守详细的材料规格说明书

C. 定期轮换采购员的任务

D. 监督每名采购员的订单数量

4. 以下控制措施中，能防止订购数量超出企业需求的是（　　）。

A. 在向采购部门提交采购申请书之前，由使用部门主管审查采购申请书

B. 当系统显示库存水平较低时由采购部门自动重新订货

C. 要求在接收一批新的货物之前复核采购订单

D. 要求在储存新收到的货物之前确认收货报告和装货单保持一致

5. 在这种情况下，有控制缺陷的是（　　）。

A. 店铺经理可以要求撤换产品项目，这样会影响对每名产品经理的可能绩效评价

B. 产品经理议定采购价格并制定销售价格

C. 根据每类产品所产生的总毛利来对产品经理进行评价将导致功能失调的行为

D. 每个店铺中不设置验收职能

（二）多项选择题

1. 在以下销售与收款授权审批关键点控制中，控制设计恰当的有（　　）。

A. 在销售发生之前，赊销已经正确审批

B. 未经赊销批准的销货一律不准发货

C. 销售价格、销售条件、运费、折扣由销售人员根据客户情况进行谈判

D. 对于超过既定销售政策和信用政策规定范围的特殊销售业务，公司采用集体决策方式

2. 对于重要和技术性较强的采购业务，应（　　）。

A. 董事长决策和审批　　　　B. 集体决策审批

C. 由专业人士进行论证　　　　　　D. 请购部门进行论证、审批

3. 下列采购活动中，不符合内部控制基本规范的有（　　）。

A. 甲公司采购部经理预测原材料价格已经探底，因此大宗购买囤积，但原材料价格继续走低，增加了公司生产成本

B. 乙公司生产部门经理可直接发起对外请购

C. 丙公司仅向经批准的供应商列表中的供应商进行采购

D. 丁公司向德国公司进口先进生产设备，技术人员也随采购人员一同前往

4. 为保证所有的产品销售均已入账，下列控制活动中与这一控制目标直接相关的有（　　）。

A. 对销售发票进行顺序编号并复核当月开具的销售发票是否均已登记入账

B. 检查销售发票是否经适当的授权批准

C. 将每月产品发运数量与销售入账数量相核对

D. 定期与客户核对应收账款余额

5. 下列各项控制活动中，有助于实现销售交易控制目标的有（　　）。

A. 对销售订单、销售发票进行连续编号，并定期核对编号顺序

B. 将销售发票与出库单证相核对

C. 定期独立检查应收账款的明细账与总账的一致性

D. 定期向顾客寄送对账单

（三）判断题

1. 某企业销售部门正在开发客户管理系统，该部门负责人认为，将客户管理业务流程、关键控制点和处理规则嵌入系统程序就实现了控制目标。（　　）

2. 企业应当根据市场情况和采购计划合理选择采购方式。大宗采购应当采用招标方式；一般物资或劳务等的采购可以采用询价或定向采购的方式并签订合同协议；小额零星物资或劳务等的采购可以采用直接购买等方式。（　　）

3. 企业在营运过程中出现临时性资金短缺的，可以通过短期融资等方式获取资金。资金出现短期闲置的，在保证安全性和流动性的前提下，可以通过购买国债等多种方式，提高资金效益。（　　）

4. 委托独立的机构代为保管有价证券是限制性接触控制最为有效的方法。（　　）

5. 企业销售部门与客户接触较多，对客户情况相对熟悉，因此，应由销售部门对客户付款情况进行持续跟踪和监控，提出划分、调整客户信用等级的方案。（　　）

第八章

其他业务内部控制

一、学习目标

1. 掌握担保业务内部控制的目标、总体风险和流程设计；
2. 熟悉担保业务各环节的主要风险及其控制；
3. 掌握业务外包内部控制的目标、总体风险和流程设计；
4. 熟悉业务外包各环节的主要风险及其控制；
5. 掌握财务报告内部控制的目标、总体风险和流程设计；
6. 熟悉财务报告各环节的主要风险及其控制；
7. 掌握母公司控制子公司的主要渠道或方式。

二、本章结构（图 8－1）

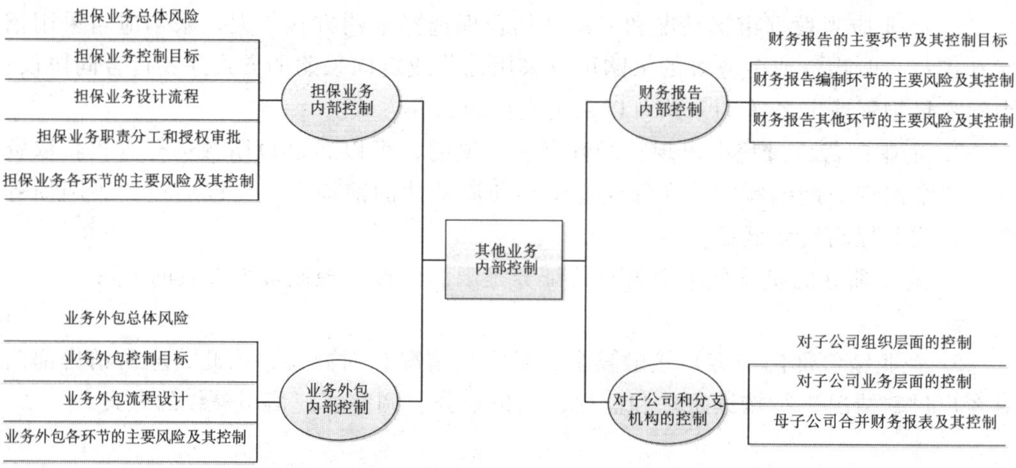

图 8－1 第八章其他业务内部控制结构图

三、引导案例

资料：CD集团公司属于一家大型国有集团公司，由于集团公司是基于行政划转等方式组建的，母、子公司内部连接纽带脆弱，子公司各行其是的现象比较严重。因此，对子公司和分支机构的控制薄弱是困扰CD集团公司很久的一个难题。2016年，CD集团公司在生产经营和管理活动中发生了以下几件事情：

1. 2016年5月，集团下属分公司乙地区分部为利用专业化分工的优势，将保洁、安保和食堂等后勤业务委托给本公司以外的专业机构完成，CD集团公司对乙地区分部的外包业务进行检查时，发现成本高，质量差。

2. 2016年8月，CD集团公司召集了一次董事会会议，专题讨论加强对子公司和分支机构的控制问题。会议建议集团公司加强对子公司重大决策权的控制，包括筹资权、对外投资权、对外担保权、重大资本性支出决策权等，对子公司重大决策应实行集团公司总经理审批制。同时，会议还建议各子公司的总经理和总会计师由集团统一任命，直接对集团公司董事会负责。

要求：

1. 请分析乙分部在业务外包领域的内部控制是否存在缺陷，指出缺陷所在，并说明如何改进。

2. 请分析判断CD集团公司董事会会议的两项建议是否合理，并说明理由。

四、主要知识点

担保业务、业务外包、财务报告等业务循环是舞弊和腐败高发的业务领域，特别是担保业务一般涉及金额大、时间长、环节多、利益关系错综复杂，成为经济犯罪和腐败问题的“高危区”。对子公司和分支机构的控制薄弱，也是困扰很多企业的一个难题。企业应加强这些领域的内部控制，防范相关风险。

担保业务办理流程一般包括受理申请、调查评估、授权审批、签订担保合同、进行日常监控等；业务外包流程主要包括：制定业务外包实施方案、审核批准、选择承包方、签订业务外包合同、组织实施业务外包活动、业务外包过程管理、验收、会计系统控制等环节；企业财务报告流程可分为编制、审核、审计、发布和分析使用五个环节。企业应在细化和明确业务控制目标的基础上，识别和分析上述业务流程各环节的主要风险点，设置关键控制点，针对主要风险点在关键控制点上采取控制措施，将业务风险控制在可接受水平之内。

子公司是独立法人，具有独立的决策权和经营权。母公司应依法制定或参与建立子公司的治理架构，确定子公司章程的主要条款，选任代表母公司利益的董事、经理及总会计师等高级管理人员，并对选派到子公司的人员进行绩效考核与薪酬激励。股权投资较多的企业，可以根据需要设置专职部门（或岗位），具体负责对子公司的股权管理工作。母公司财会部门应加强对子公司财务报告、全面预算、重大资金收支等活动的管控。企业可以比照对子公司监督管理的制度，对分公司、具有重大影响的参股公司进行监督管理。

五、重难点问题

1. 担保业务中常见的风险点有哪些？

（1）担保活动不符合国家政策、相关法规或企业内部制度的规定；

（2）对担保申请人的资信状况调查不深，审批不严或越权审批，可能导致企业担保决策失误或遭受欺诈；

（3）对被担保人出现财务困难或经营陷入困境等状况监控不力，应对措施不当，可能导致企业承担法律责任；

（4）担保过程中存在舞弊行为，可能导致调查、审批、经办等相关人员涉案或企业利益受损；

（5）担保业务的会计处理不符合会计准则的规定，或未履行信息披露责任，可能遭受监管部门谴责或处罚。

2. 担保业务中应予以分离的不相容职务有哪些？

担保业务不相容岗位至少包括：接受担保申请与审批；对申请人资信的调查评估与审批；对被担保人日常监控与担保业务的监督检查等。

3. 业务外包的总体风险有哪些？

（1）业务外包违反国家法律法规，可能遭受外部处罚、经济损失和信誉损失；

（2）业务外包未经适当审核或超越授权审批，策略不科学，可能因重大差错、舞弊、欺诈而导致损失；

（3）外包范围和价格确定不合理，承包方选择不当，可能导致企业资产遭受损失；

（4）外包业务实施过程监控不严，服务质量低劣，可能导致企业难以发挥业务外包优势，外包战略失败或经营效率低下；

（5）业务外包信息保护措施不当，可能导致企业商业秘密泄露；

（6）业务外包会计处理不当，相关记录不完整，可能导致财务报告及其他相关信息失真等。

4. 如何设计担保业务的基本业务流程？

担保业务一般包括受理申请、调查评估、授权审批、签订担保合同、进行日常监控等流程。如图 8－2 所示。

5. 财务报告业务的主要环节有哪些？

企业财务报告生成过程可分为编制、审核、审计、批准、发布和使用六个环节，如图 8－3 所示。

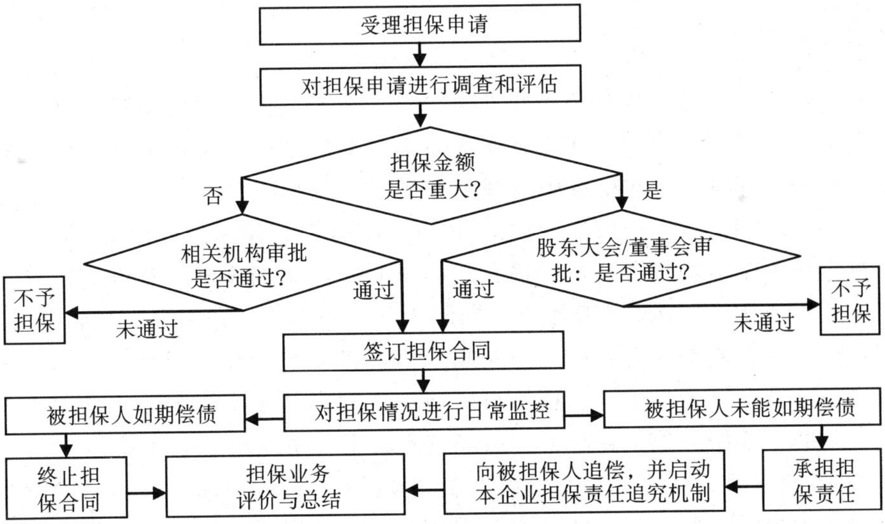

图 8－2 担保业务一般流程

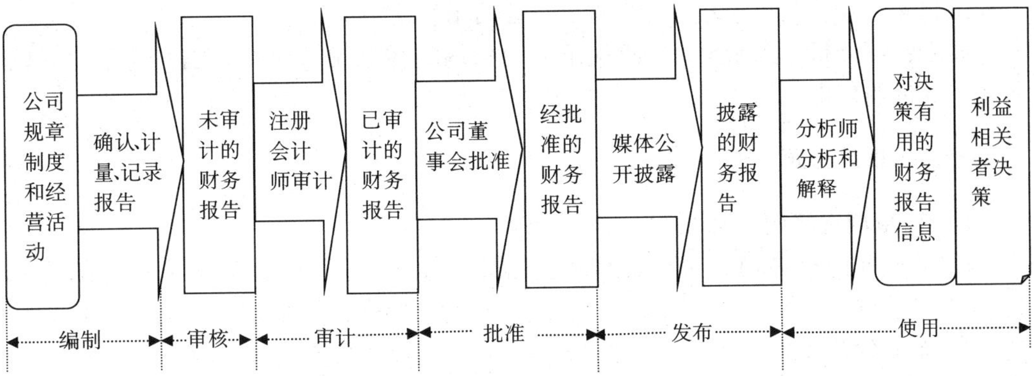

图 8－3 财务报告业务主要流程和工作环节

6. 如何加强对子公司的控制？

（1）依法制定或参与建立子公司的治理架构，确定子公司章程的主要条款；

（2）选任代表母公司利益的董事、经理及总会计师等高级管理人员，并对选派到子公司的人员进行绩效考核与薪酬激励；

（3）股权投资较多的企业，可以根据需要设置专职部门（或岗位），具体负责对子公司的股权管理工作；

（4）财会部门应加强对子公司财务报告、全面预算、重大资金收支等活动的管控；

（5）整合子公司会计政策和会计期间，要求子公司提供规范的财务报告，以便编制合并财务报表。

六、案例测试

资料：ABC 公司是一家国有大型集团公司，为加强内部控制建设，聘请 K 会计师事务所对公司所属的 B、C 两家全资子公司内部控制的健全性和有效性进行检查与评价。K 会计师事务所在检查中发现了如下一些问题：

1. 2016 年 2 月，B 公司有一项对外投资，当时 B 公司总经理谭某经朋友介绍认识了自称是境外甲金融投资公司（简称甲公司）总经理的廖某，双方约定，由 B 公司向甲公司投入 1000 万元用于投资，期限 1 年，收益率 20%。考虑到这项投资能带来巨额回报，为避免错失良机，谭某指令财会部先将 1000 万元资金汇往甲公司，之后再向董事会补办报批手续、补签投资协议。财会部汇出资金后，向对方核实是否收到汇款时，却始终找不到廖某。后经查实，甲公司纯系子虚乌有。

2. 2016 年 3 月，C 公司为乙公司提供 2000 万元贷款担保，公司风险管理部李某根据总经理指示办理此事。由于李某对担保业务不熟悉，C 公司也没有相应的管理制度。李某凭感觉认为乙公司董事长是本公司总经理的亲属，不会出问题，于是办理了担保手续。此后，乙公司破产，C 公司承担连带责任。

要求：请分析、判断 B、C 两家子公司的内部控制是否存在缺陷？请指出缺陷所在，并说明理由。

七、本章练习题

（一）单项选择题

1. 对上市公司来说，对外提供财务报告时，必须与财务报告一同提供的是（　　）。

A. 企业的营业执照

B. 企业的纳税证明

C. 财务报告的审计报告

D. 企业重要事项的声明文件

2. 企业编制、对外提供和分析利用财务报告，无须关注的风险是（　　）。

A. 编制财务报告违反会计法律法规和国家统一的会计准则制度，可能导致企业承担法律责任和声誉受损

B. 提供虚假财务报告，误导财务报告使用者，造成决策失误，干扰市场秩序

C. 不能有效利用财务报告，难以及时发现企业经营管理中存在的问题，可能导致企业财务和经营风险失控

D. 因财经媒体或外部财务分析师发布负面评价而导致股价下跌

3. 某大型集团公司为强化担保业务内部控制，制定了担保业务内部控制制度。在该制度规定的下列内容中，不符合内部控制要求的是（　　）。

A. 公司规定重大对外担保业务由集团公司总经理审批

B. 被担保人要求变更担保事项的，公司应当重新履行评估与审批程序

C. 公司规定如果被担保人出现异常情况，应当通过内部信息与沟通机制及时向有关管理人员报告，妥善处理

D. 公司严禁子公司自行对外担保或者子公司之间提供互保

4. 对于拥有资金汇兑部门的某跨国公司的分支机构来说，恰当的内部控制要求（　　）。

A. 进行电汇的个人不参加银行对账

B. 分支机构的经理接收所有电汇

C. 外汇比率由两名不同的员工分别进行计算

D. 公司管理层审批资金汇兑部门的员工聘用

5. 下列因素均可能影响企业财务报告是否真实可靠，其中最重要的因素是（　　）。

A. 董事会是否设置了审计委员会

B. 监事对内部控制程序的要求

C. 稽核人员核查时所搜集证据的多寡

D. 管理层对财务报告的态度与所采取的行动

（二）多项选择题

1. 对账是账簿记录系统的最后一个环节，也是报表生成前一个环节，对保证会计信息的真实性起到重要作用，对账的控制要点包括（　　）。

A. 账证核对　　B. 账账核对

C. 账表核对　　D. 账实核对

2. 企业在选择业务外包的承包方时，属于承包方应当符合的条件至少包括（　　）。

A. 依法成立和合法经营的专业服务机构或其他经济组织

B. 具有相应的经营范围和固定的办公场所

C. 具备相应的专业资质，其从业人员符合岗位要求和任职条件，并具有相应的专业技术资格

D. 技术及经验水平符合本企业业务外包的要求

3. 财务报告应经哪些人员签名并盖章（　　）。

A. 编报人员　　B. 总会计师

C. 企业负责人　　D. 财务部门负责人

4. 企业编制、对外提供和分析财务报告时，至少需要关注下列（　　）风险。

A. 编制财务报告违反会计法律法规和国家统一的会计准则制度，可能导致企业承担法律责任和声誉受损

B. 提供虚假报告，误导财务报告使用者，造成决策失误，干扰市场秩序

C. 不能有效利用财务报告，难以及时发现企业经营管理中存在的问题，导致企

业财务和经营风险失控

D. 因财经媒体或外部财务分析师发布负面评价而导致股价下跌

5. 企业财务报告列示的资产、负债、所有者权益金额应当真实可靠，下列说法中正确的有（　　）。

A. 各项资产计价方法不得随意变更，如有减值，应当合理计提减值准备，严禁虚增或虚减资产

B. 各项负债应当如实反映企业的现实义务、潜在义务和未来义务

C. 所有者权益应当反映企业资产扣除负债后由所有者享有的剩余权益

D. 所有者权益由实收资本、资本公积、库存股、留存收益等项目构成

（三）判断题

1. 企业内设机构和分支机构可以对外提供担保。（　　）

2. 在我国，只有上市公司才需要对外提供财务报告。（　　）

3. 财务报告编制完成后必须加盖单位公章，并由企业负责人、总会计师、财务经理和注册会计师签字批准后方可对外公布。（　　）

4. 国有企业应依法定期向监事会提供财务报告，至少每年一次向本企业的职工代表大会公布财务报告。（　　）

5. 为防止商业秘密泄露，合同谈判工作只能由企业内部人员参加，不得聘请外部人士参加。（　　）

第九章

内部监督和内部控制评价

一、学习目标

1. 理解和掌握内部监督要素实施流程；
2. 理解和掌握风险导向的内部监督模式；
3. 理解和掌握内部控制有效性的标准；
4. 熟悉监督机构设置及权责配置；
5. 熟悉内部控制评价的组织工作；
6. 理解和掌握内部控制缺陷认定标准；
7. 熟悉董事会及其审计委员会和内部审计在内部监督及内控评价中的职责。

二、本章结构（图9－1）

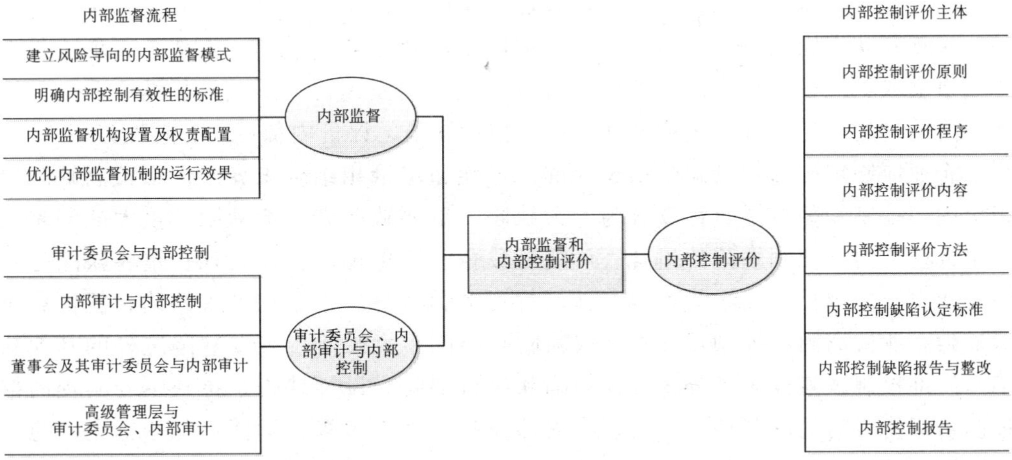

图9－1　第九章内部监督和内部控制评价结构图

三、引导案例

甲公司为一家境外上市公司，为提高内部控制的有效性，甲公司管理层向董事会提交了关于强化内部监督和内部控制评价的议案，其要点如下：

1. 单独设立内部审计机构，配备与其职责要求相适应的审计人员，为提高内部审计效率，由公司财务总监直接管辖，并对总经理负责。总经理定期将内部审计报告提交给公司董事会下设的审计委员会。

2. 建立内部控制评价制度。公司定期对与实现内部控制目标相关的内部环境、风险评估、控制活动、信息与沟通、内部监督等内部控制要素进行全面系统、有针对性的评价。

3. 公司对内部控制缺陷进行综合判断，按其严重程度分为重大缺陷、重要缺陷和一般缺陷。管理层负责重大缺陷的整改，接受董事会的监督。审计委员会负责重要缺陷的整改，接受董事会的监督。内部审计机构负责一般缺陷的整改，接受管理层的监督。

4. 为提高内部控制评价的工作效率，也为了增强内部控制评价的工作质量，公司拟借助中介机构实施内部控制评价，安排为公司提供内部控制审计服务的会计师事务所每年实施一次内部控制评价工作，并于每年的5月15日提交内部控制评价报告。

请您指出甲公司管理层提交的议案中是否存在不当之处，并简要说明理由，如有缺陷，请说明如何改进。

四、主要知识点

内部监督是企业对内部控制设计和运行情况进行监督检查，对其有效性进行评估，发现和认定内部控制缺陷，并及时加以改进和完善的过程。内部控制评价是企业董事会或类似权力机构对内部控制有效性进行全面评价、形成评价结论、出具评价报告的过程。两者都以识别和认定内部控制缺陷，评价内部控制有效性为核心。

企业应制定内部控制缺陷认定标准，定性和定量相结合来界定内部控制缺陷等级。内部控制缺陷按严重程度分为重大缺陷、重要缺陷和一般缺陷。重大缺陷是指一个或多个内部控制缺陷的组合，可能导致企业严重偏离控制目标；重要缺陷是指一个或多个内部控制缺陷的组合，其严重程度和经济后果不如重大缺陷，但仍有可能导致企业偏离内部控制目标；一般缺陷是指除重大缺陷、重要缺陷之外的其他缺陷。内部控制缺陷按来源分为设计缺陷和执行缺陷。设计缺陷是指缺少为实现内部控制目标所必需的内部控制，或现有内部控制设计不适当，即使正常运行也不能实现预期的控制目标。执行缺陷是指设计合理且适当的内部控制没有按设计意图运行、运行的时间或频率不当、没有得到一贯有效运行、执行人因缺乏必要信息或专业胜任能力而无法有效实施内部控制等原因形成的内部控制缺陷。

内部控制有效性是指企业建立与实施内部控制对实现控制目标提供合理保证的程度，包括设计有效性和执行有效性。内部控制为目标实现提供的保证程度越高，内部控制就越有效；反之，则无效。有效性应从内部控制的设计和执行两个方面进行评价，评价的内容应涉及内部控制整体框架。评价应遵循全面性、重要性和客观性等原则，结合内部控制目标进行综合评价，存在一个或多个重大缺陷的内部控制，应认定内部控制无效。设计有效性是指评估为实现控制目标所必需的内部控制要素是否都存在并且设计恰当，从而判断其中是否存在设计缺陷、是否缺少为实现控制目标所必需的控制。执行有效性是指现有内部控制按规定程序得到了正确执行。

有效的内部监督和内控评价需要以风险导向为核心理念，实施风险导向的内部监督和内控评价需要在明确风险归属的前提下，根据风险评估结果确定监督和评价侧重点；同时，全面系统地识别和分析监督和评价流程各环节的主要风险点，针对风险点设置关键控制点，实施相应的风险控制措施。

五、重难点问题

1. 内部监督和内部控制评价有什么区别和联系？

内部监督是企业对内部控制设计和执行情况进行监督检查，对其健全性和有效性进行评估，发现和认定内部控制缺陷，并及时加以改进和完善的过程。内部控制评价是企业董事会或类似权力机构对内部控制的有效性进行全面评价、形成评价结论、出具评价报告的过程。两者都以识别和认定内部控制缺陷，评价内部控制有效性为核心。不同的是内部监督有不同层次和多种监督主体，有持续监督和专项监督两种方式，监督结果不需要对外公告；而内部控制评价则是由企业董事会或类似权力机构实施的一种定期评价，是对内部控制有效性的一种定期确认，评价可以利用日常监督与专项监督的结果，评价结果可能需要根据监管要求对外公告。内部控制评价从属于内部监督，是监督结果的总体体现。

2. 依据 COSO 委员会 2009 年 1 月发布的《内部控制监督指引》，内部监督基本流程有哪些？

如图 9－2 所示，内部监督流程主要包括建立监督基础、设计和执行监督程序、评估和报告监督结果、形成内部控制有效性的结论四个环节。

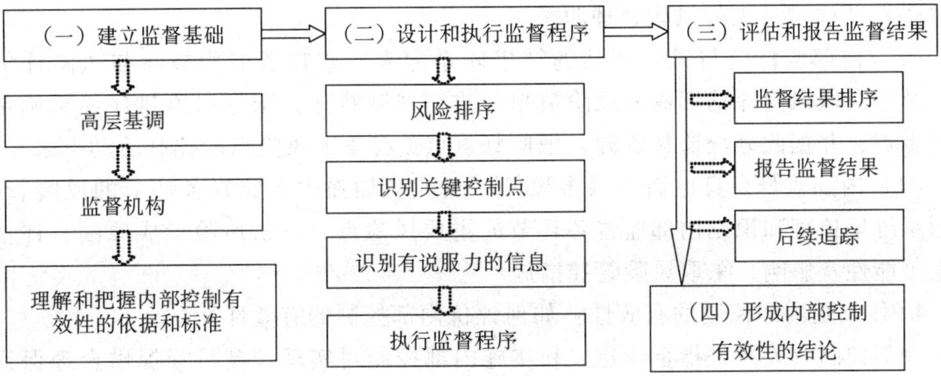

图 9－2　内部控制监督流程

（1）建立监督基础：主要包括：①董事、监事和高管人员对内部监督要素应保持正确的论调，表达企业高层对内部控制及监督要素重要性的认识，强调监督机构及人员的独立性；②监督机构设置和监督人员配备是影响内部监督有效性的重要因素。监督机构的独立性、监督检查人员的专业胜任能力及职业操守、监督机构及人员被适当授权等是形成有效监督的重要基础。内部监督机构的设置一般包括董事会、监事会、审计委员会和内部审计部门等；③理解和把握内部控制有效性的依据和标准，并在整个企业内部统一该标准，是进行有效监督的方向和基准。有效性应从内部控制的设计和执行两个方面进行评价，评价的内容应涉及内部控制整体框架。企业上下应通过宣传、培训等手段明确内部控制有效性的判断标准。

（2）设计和执行监督程序：①根据风险评估的结果对风险进行排序，并以此决定监督活动的类型、时间、范围和监督资源配置等决策，要优先关注重大风险点；②针对主要风险点识别关键控制点，主要风险必须在关键控制点上加以预防和控制，内部监督应围绕主要风险点和关键控制点进行；③监督人员应努力获取有说服力的信息来支持自己的监督结论，有说服力的信息是适当且充分的，适当要求信息具有相关性、可靠性和及时性；④执行监督程序，包括持续监督和专项监督。

（3）评估和报告监督结果：①按缺陷的严重程度，按重大缺陷、重要缺陷和一般缺陷依次对监督结果排序，以便确定报告层级；②内部控制缺陷应按严重程度的不同确定报告层级，重大缺陷应与审计委员会、最高管理层和董事会沟通，涉及董事和高管的缺陷应与监事会沟通；③内部监督人员应对缺陷整改落实情况进行后续追踪，以确保发现的问题都得到整改。

（4）形成内部控制有效性结论：根据监督结果排序、报告和纠正情况，对内部控制设计和执行的有效性进行全面评价，形成内部控制有效性的结论，并出具监督评价报告。

3. 企业如何基于风险导向实施内部监督工作？

（1）企业应清晰地定义风险归属，合理划分决策机构、执行机构和监督机构的职责权限，明确治理层（董事会、监事会、总经理等）、内部机构（业务单元和职能部门）和岗位员工的风险管理职责。

（2）内部监督应与风险评估的结果联系起来，监督者应积极参与风险评估活动，及时获取风险评估形成的风险清单，进行风险排序，根据风险排序结果确定监督侧重点，并据此分配监督资源，把监督重点放在重大风险点的控制活动上来。

（3）内部监督自身也面临诸多风险，企业应加强内部监督各环节的风险管控，全面系统地梳理和识别内部监督各环节的主要风险点，分析风险形成原因，评估其发生可能性及影响，采取风险管控措施。

4. 什么是内部控制的有效性？如何评价内部控制的有效性？

内部控制有效性是指企业建立和实施内部控制对实现控制目标提供合理保证的程度，包括设计有效性和执行有效性。内部控制为目标实现提供的保证程度越高，内部控制就越有效；反之，则无效。内部控制有效性评价应从设计有效性和执行有效性两个方面进行。内部控制有效性评价应聚焦内部控制五个目标，围绕内部环境、风险评估、控制活动、信息与沟通、内部监督五要素进行综合评价。内部控制缺陷是有效性的负向维度，如果企业存在内部控制重大缺陷，不能说企业内部控制整体有效。

5. 什么是内部控制的设计有效性？如何评价内部控制的设计有效性？

内部控制设计有效性是指为实现控制目标所必需的内部控制要素都存在并且设计恰当。如果某项控制由拥有必要授权和专业胜任能力的人员按照规定的程序与要求执行，能够实现控制目标，表明该项控制的设计是有效的。评价设计有效性，应充分考虑：是否为防止、发现并纠正财务报告重大错报及漏报而设计了相应的控制；是否为合理保障资产安全而设计了相应的控制；相关控制的设计是否能够保证企业遵循适用的法律法规；相关控制的设计是否有助于企业提高经营效率和效果，促进发展战略实现。

6. 什么是内部控制的执行有效性？如何评价内部控制的执行有效性？

内部控制执行有效性是指内部控制能够按照设计要求严格、正确地执行。如果某项控制正在按照设计执行，执行人员拥有必要授权和专业胜任能力，能够实现控制目标，表明该项控制的执行是有效的。评价内部控制执行的有效性，应充分考虑：相关控制在评价期内是如何运行的，是否得到了持续一致的运行；实施控制的人员是否具备必要的权限和能力；相关控制运行的方式，一般包括人工控制和自动控制、预防性控制和发现性控制。

7. 什么是内部控制缺陷？内部控制缺陷如何分类？

内部控制缺陷是内部控制有效性的负向维度，指公司内部控制的设计或运行无法合理保证内部控制目标的实现。企业应制定内部控制缺陷认定标准，针对监督过程中发现的内部控制缺陷，分析其性质和产生的原因，从定性、定量或定性与定量结合等方面认定内部控制缺陷。内部控制缺陷按来源可分为设计缺陷和执行缺陷，按严重性可分为重大缺陷、重要缺陷和一般缺陷。

8. 什么是内部控制设计缺陷？什么是内部控制执行缺陷？

内部控制设计缺陷是指缺少为实现内部控制目标所必需的内部控制，或现有内部控制设计不适当，即使正常执行也不能实现预期的控制目标。执行缺陷是指设计合理且适当的内部控制没有按设计意图执行、执行的时间或频率不当、没有得到一贯有效执行、执行人因缺乏必要信息或专业胜任能力而无法有效实施内部控制等原因形成的内部控制缺陷。

9. 什么是内部控制的重大缺陷？表明企业内部控制可能存在重大缺陷的迹象有哪些？

重大缺陷是指一个或多个内部控制缺陷的组合，可能导致企业严重偏离控制目标。

财务报告内部控制存在下列情形之一的，通常表明可能存在重大缺陷：（1）董事、监事和高级管理人员舞弊；（2）企业更正已公布的财务报告；（3）注册会计师审计发现当期财务报告存在重大错报，而内部控制在运行过程中未能发现该错报；（4）审计委员会和内部审计机构对内部控制的监督无效。

非财务报告内部控制存在下列情形之一的，通常表明可能存在重大缺陷：（1）国有企业缺乏民主决策程序，如缺乏“三重一大”决策程序；（2）企业决策程序不科学，如决策失误，导致并购不成功；（3）违犯国家法律、法规，如环境污染；（4）管理人员或技术人员纷纷流失；（5）媒体负面新闻频现；（6）内部控制评价的结果特别是重大或重要缺陷未得到整改；（7）重要业务缺乏制度控制或制度系统性失效。

10. 如何确定内部控制缺陷的认定标准？

内部控制缺陷认定具有一定难度，需要运用职业判断。由于企业所处行业、经营规模、发展阶段、风险偏好等存在差异，我国《企业内部控制基本规范》及其配套指引没有对内部控制缺陷认定的具体标准进行统一规定。企业可结合经营规模、行业特征、风险水平等因素，由董事会确定适合本企业的内部控制认定标准。认定标准应从定性和定量的角度综合考虑，并保持相对稳定。

下面的案例是青岛海尔（证券代码：600690）的内部控制缺陷认定标准。

（1）财务报告内部控制缺陷认定标准。公司确定的财务报告内部控制缺陷评价的定量标准如下：

指标名称	重大缺陷定量标准	重要缺陷定量标准	一般缺陷定量标准
利润总额潜在错报	潜在错报≥税前利润的5%	税前利润的5% ＞潜在错报≥税前利润的2%	潜在错报＜税前利润的2%
资产总额潜在错报	潜在错报≥资产总额的1%	资产总额的1% ＞潜在错报≥资产总额的0.5%	潜在错报＜资产总额的0.5%
经营收入潜在错报	潜在错报≥经营收入的1%	经营收入的1% ＞潜在错报≥经营收入的0.5%	潜在错报＜经营收入的0.5%
所有者权益潜在错报	潜在错报≥所有者权益1%	所有者权益的1% ＞潜在错报≥所有者权益的0.5%	潜在错报＜所有者权益0.5%

公司确定的财务报告内部控制缺陷评价的定性标准如下：

缺陷性质	定性标准
重大缺陷	（1）控制环境失效，如公司董事、监事和高级管理人员舞弊，已发现的重要缺陷经过合理期间仍未被纠正等； （2）重述前期财务报告以更正重大错报； （3）外部审计发现财务报表存在重大错报而内部控制在运行过程中未能发现该错报； （4）审计委员会对公司的财务报告及其相关的内部控制监督无效。

续表

缺陷性质	定性标准
重要缺陷	(1) 对公认会计准则的选择和会计政策的应用存在误解且未被及时发现； (2) 未建立反舞弊程序和控制措施； (3) 对于非常规或特殊交易的账务处理没有建立相应的控制机制或没有实施且没有相应的补偿性控制。
一般缺陷	未构成重大缺陷、重要缺陷标准的其他内部控制缺陷

(2) 财务报告内部控制缺陷认定标准。公司确定的非财务报告内部控制缺陷评价的定量标准如下：

指标名称	重大缺陷定量标准	重要缺陷定量标准	一般缺陷定量标准
利润总额潜在错报	潜在错报≥税前利润的5%	税前利润的5%>潜在错报≥税前利润的2%	潜在错报<税前利润的2%
资产总额潜在错报	潜在错报≥资产总额的1%	资产总额的1%>潜在错报≥资产总额的0.5%	潜在错报<资产总额的0.5%
经营收入潜在错报	潜在错报≥经营收入的1%	经营收入的1%>潜在错报≥经营收入的0.5%	潜在错报<经营收入的0.5%
所有者权益潜在错报	潜在错报≥所有者权益1%	所有者权益的1%>潜在错报≥所有者权益的0.5%	潜在错报<所有者权益0.5%

公司确定的非财务报告内部控制缺陷评价的定性标准如下：

缺陷性质	定性标准
重大缺陷	(1) 违反国家法律法规； (2) 公司连年亏损，持续经营受到挑战； (3) 重要业务缺乏制度控制或制度系统性失效； (4) 公司重大决策缺乏决策程序或程序严重不合理导致重大失误； (5) 媒体针对公司的重大负面新闻频现，涉及面广且负面影响一直未能消除。
重要缺陷	(1) 公司一般业务缺乏制度控制或制度体系失效； (2) 管理层或关键岗位人员流失严重； (3) 非财务报告内部控制重要或一般缺陷经过合理期间仍未被纠正。
一般缺陷	未构成重大缺陷、重要缺陷标准的其他内部控制缺陷

注：案例资料是根据公司2018年度内部控制评价报告整理。

六、案例测试

资料：甲公司系境内外同时上市的公司，其A股在上海证券交易所上市。根据财政部等五部委联合发布的《企业内部控制基本规范》《企业内部控制配套指引》

以及据此修改后的《公司内部控制手册》，甲公司应于2011年起实施内部控制评价制度。鉴于本公司在2008年5月《企业内部控制基本规范》发布后就已经着手建立、完善自身内部控制体系并取得了较好效果，甲公司决定从2010年开始提前实施内部控制评价制度，并由审计部牵头拟订内部控制评价方案。该方案摘要如下：

1. 关于内部控制评价的组织领导和职责分工。董事会及其审计委员会负责内部控制评价的领导和监督。经理层负责实施内部控制评价，并对本公司内部控制有效性负责，审计部具体组织实施内部控制评价工作，拟定评价计划、组成评价工作组、实施现场评价、审定内部控制重大缺陷、草拟内部控制评价报告，及时向董事会、监事会或经理层报告。其他有关业务部门负责组织本部门的内控自查工作。

2. 关于内部控制评价的内容和方法。内部控制评价围绕内部环境、风险评估、控制活动、信息与沟通、内部监督等五要素展开。鉴于本公司已按《公司法》和公司章程建立了科学规范的组织架构，组织架构相关内容不再纳入公司层面评价范围。同时，本着重要性原则，在实施业务层面评价时，主要评价上海证券交易所重点关注的对外担保、关联交易和信息披露等业务或事项。

在内部控制评价中，可以采用个别访谈、调查问卷、专题讨论、穿行性测试、实地查验、抽样和比较分析等方法。考虑到公司现阶段经营压力较大，为了减轻评价工作对正常经营活动的影响，在本次内部控制评价中，仅采用调查问卷和专题讨论法实施测试和评价。

3. 关于实施现场评价。评价工作组应与被评价单位进行充分沟通，了解被评价单位的基本情况，合理调整已确定的评价范围、检查重点和抽样数量。评价人员要依据《企业内部控制基本规范》《企业内部控制配套指引》《公司内部控制手册》实施现场检查测试，按要求填写评价工作底稿，记录测试过程及结果，并对发现的内部控制缺陷进行初步认定。现场评价结束后，评价工作组汇总评价人员的工作底稿，形成现场评价报告。现场评价报告无须和被评价单位沟通，只需评价工作组负责人审核、签字确认后报审计部。审计部应编制内部控制缺陷认定汇总表，对内部控制缺陷进行综合分析和全面复核。

4. 关于内部控制评价报告。审计部在完成现场评价和缺陷汇总、复核后，起草内部控制评价报告。评价报告应包括：董事会对内部控制评价报告真实性的声明、内部控制评价工作的总体概括、内部控制评价的依据、内部控制评价的范围、内部控制评价的程序和方法、内部控制缺陷及其认定情况、内部控制缺陷的整改情况、内部控制有效性的结论等内容。对于重大缺陷及其整改情况，只进行内部通报，不对外披露。内部控制评价报告由董事会审核后对外披露。

5. 关于内部控制审计。聘请某具有证券期货业务资格的大型会计师事务所对本公司内部控制有效性进行审计。鉴于本公司在2008年5月《企业内部控制基本规范》发布后就已建立内部控制体系并取得较好效果，内部控制审计自2010年起实施，重点审计本公司内部控制评价的范围、内容、程序和方法等，并出具相关审计意见。

要求：请您逐项判断甲公司内部控制评价方案中的1—5项内容是否存在不当之处。存在不当之处的，请逐项指出不当之处，并简要说明理由。

七、本章练习题

（一）单项选择题

1. 某公司每月处理大量的公司间常规交易。公司间的单项交易并不重大，公司制度要求逐月进行公司间对账，并在业务单元间函证余额。目前公司没有按时开展对账工作，但公司管理层每月执行相应的程序对挑选出的大额公司间账目进行调查，并编制详细的营业费用差异分析表来评估其合理性。对此，应认定此项控制存在（　　）。

A. 重要设计缺陷　　B. 重要执行缺陷

C. 一般缺陷　　D. 重大缺陷

2. 以下关于审计委员会的活动中，最有利于内部审计活动的是（　　）。

A. 审批业务工作方案

B. 确保外部审计师在任何时候都能依赖内部审计活动的工作

C. 在业务报告公布前，审核并认可所有的内部审计业务报告

D. 支持对内部审计活动提出的建议的落实情况进行恰当的监督

3. 内部审计人员不适宜负责的工作是（　　）。

A. 设计风险管理机制　　B. 检查财务及营运信息

C. 复核法令遵循情形　　D. 复核经济性、效率及效益

4. 评价企业内部控制的有效性实质是（　　）。

A. 评价内部控制为相关目标的实现提供的保证水平是否超过绝对保证的水平

B. 评价内部控制为相关目标的实现提供的保证水平是否达到绝对保证的水平

C. 评价内部控制为相关目标的实现提供的保证水平是否达到或超过合理保证的水平

D. 评价内部控制为相关目标的实现提供的保证水平是否小于合理保证的水平

5. 专项监督的范围和频率应当根据风险评估结果以及日常监督的（　　）等予以确定。

A. 合理性　　B. 及时性

C. 真实性　　D. 有效性

（二）多项选择题

1. 企业应开展内部控制评价工作，采用的组织形式包括（　　）。

A. 授权内部审计机构具体实施内部控制有效性的定期评价工作

B. 由内部控制机构负责组织协调内部控制的建立实施及日常管理工作，其工作直接向总经理负责

C. 抽调内部审计、内部控制等相关机构的人员组成内部控制评价小组，具体组织实施内部控制评价工作

D. 委托会计师事务所实施内部控制评价

2. 内部审计在内部控制建设中发挥重要作用，以下关于内部审计业务范围的描述中，正确的有（　　）。

A. 内部审计包括评价组织资源使用的效果和效率

B. 内部审计包括评价是否遵守法律、法规与合同

C. 内部审计已发展到证实资产的存在性以及检查安全防护资产的方式

D. 内部审计已发展到评价所有的风险管理、控制和治理体系

3. 内部控制评价应当遵循重要性原则，应当重点关注的内容有（　　）。

A. 重要业务单位　　　　B. 高风险领域

C. 重大业务事项　　　　D. 保密事项

4. 甲公司在董事会下设立了审计委员会，审计委员会负责审查内部控制，监督内部控制的有效实施及内控自我评价等。下列选项中，符合《企业内部控制基本规范》和《企业内部控制配套指引》要求的有（　　）。

A. 甲公司审计委员会的成员全部为非执行董事

B. 甲公司审计委员会的职能是监督、评估和复核除内部审计部门之外的所有部门和系统

C. 内部控制评价中发现的重大缺陷和重要缺陷的整改方案，向董事会报告，但一般缺陷可视情况决定

D. 甲公司审计委员会的职责由董事会确定，审计委员会每年应对其权限及其有效性进行复核

5. 某公司设置了内部审计部、风险管理部和审计委员会，制定了本企业的风险管理监督与改进措施。下列选项中，正确的有（　　）。

A. 各有关部门定期对风险管理工作进行自查和检验，及时发现缺陷并改进，将风险管理报告报送企业总经理

B. 内部审计部门每年至少一次对风险管理部和各业务部门的风险管理工作及效果进行监督评价，评价报告直接报送审计委员会

C. 外聘风险管理中介机构进行风险管理评价并出具报告

D. 风险管理部门对跨部门和业务单位的风险管理解决方案进行评价，提出建议和出具报告，报送公司决策层

（三）判断题

1. 内部审计机构对监督检查中发现的内部控制重大缺陷，有权直接向董事会及其审计委员会、监事会报告。（　　）

2. 企业委托会计师事务所等中介机构实施内部控制评价，可以充分利用中介机构的专业知识和人才优势，并由其承担内部控制评价责任。（　　）

3. 内部控制审计是指会计师事务所接受委托，对企业某个年度内部控制设计与运行的有效性进行审计。 ( )

4. 如果某项控制正在按照设计运行，执行人员拥有必要授权和专业胜任能力，能够实现控制目标，表明该项控制的设计是有效的。 ( )

5. 从内部控制有效性的角度说，设计的管理制度越多越好，控制得越严越好。 ( )

第十章

行政事业单位内部控制与风险管理

一、学习目标

1. 熟悉行政事业单位内部控制原则；
2. 理解行政事业单位内部控制与企业内部控制的主要区别；
3. 熟悉行政事业单位风险评估和控制方法；
4. 理解并掌握行政事业单位单位层面内部控制要点；
5. 理解并掌握行政事业单位具体业务主要风险及关键控制措施；
6. 了解行政事业单位内部控制的评价与监督相关规定；
7. 了解行政事业单位内部控制报告编制原则，编制与报送要求。

二、本章结构（图 10－1）

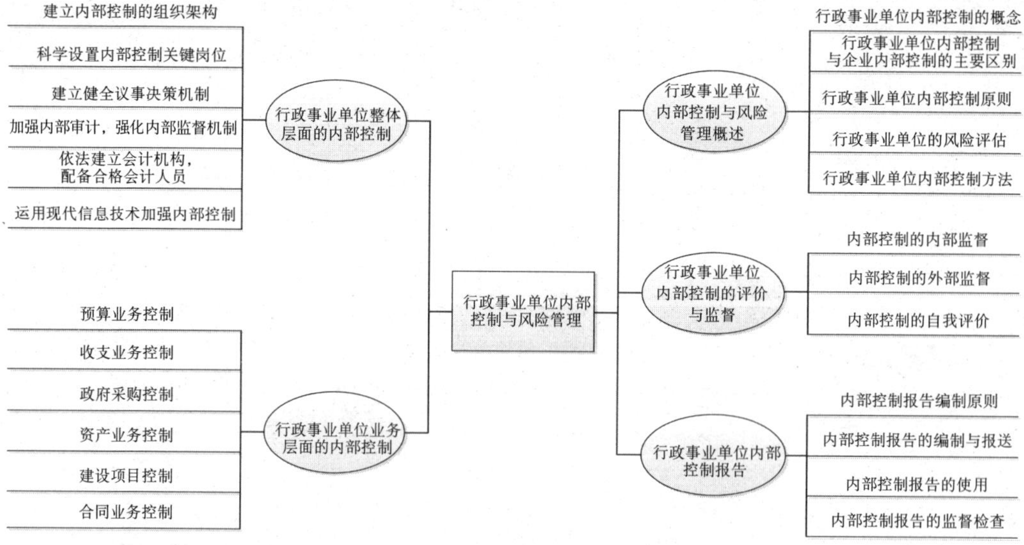

图 10－1　第十章行政事业单位内部控制与风险管理结构图

三、引导案例

某市卫生局出纳因挪用公款获罪。

某市卫生局女出纳李某在4年时间里挪用公款192万余元，用于自己和男友赵某消费。经法院开庭审理，李某因挪用公款罪被判处有期徒刑6年。以下是其犯罪过程：

1. 20×4年2月，李某作为某医院新聘用合同工，被借调到某市卫生局任出纳。20×5年6月，由于该卫生局会计张某休产假，为应对日常资金收付，将其负责的财务印章交由李某代为管理，以便李某能够从银行提取现金。李某以现金支票提现不入账的方式从单位“借出”了一笔租房款1.5万元，替男友赵某租了一间房子。李某从单位“借出”第一笔款项时，打了借条，想着日后还回去。

2. 赵某得知女友“有条件”养活自己，便开始了挥霍的日子，他常对李某说：“反正从单位拿钱也没人知道”。于是在赵某的鼓励下，李某在20×5年多次利用职务之便，以现金支票提现不入账、收款不入账等手段挪用公款20余万元，用于二人的吃喝玩乐。

3. 20×6年1月，会计张某回来上班，李某将财务印章交还张某，张某没有发现任何异常。20×6—20×8年，李某以同样方式挪用公款170余万元。

4. 20×8年1月，李某得知有关部门要审计账目，这才慌了神。经过激烈的思想斗争，李某最后投案自首。

本案例告诉我们，该市卫生局对出纳人员管理不力、不相容岗位没有分离、票据管理薄弱、货币资金核查不严及监督检查机制缺失等方面存在重大缺陷，导致该单位货币资金业务内部控制出现问题，给单位造成损失。

（资料来源：根据2018年度全国会计专业技术资格考试辅导教材《高级会计实务》整理）

四、主要知识点

行政事业单位内部控制是指单位为实现控制目标，通过制定制度、实施措施和执行程序，对经济活动的风险进行防范和管控。行政事业单位内部控制和企业内部控制大部分原理、思路和方法基本相同，但行政事业单位内部控制也有其特殊性，在内控建设的最终责任主体、内部控制目标、内部控制原则、内部控制范围、内部监督机制等方面与企业内部控制有所不同。

行政事业单位内控建设应遵循全面性、重要性、适应性、制衡性等原则，根据自身的实际情况建立和实施内部控制，包括单位整体层面的控制和业务活动层面的控制。单位整体层面的控制为业务层面控制提供环境基础，包括建立健全单位内部组织架构、议事决策机制、关键岗位责任制、建立会计机构、配备会计人员、信息系统建设等。业务层面的控制主要包括预算业务控制、收支业务控制、政府采购业务控制、资产控制、建设项目控制和合同控制等。各单位应采取科学的方法识别和分析经济业务活动的风险点，并采取积极有效的措施防范和降低风险。

监督检查和自我评价，是内部控制得以有效实施的重要保障。单位应建立健全内部控制的监督检查和自我评价制度，通过日常监督和专项监督，检查内部控制实施过程中存在的突出问题、管理漏洞和薄弱环节，进一步改进和加强内部控制；通过自我评价，识别和认定内部控制缺陷，评价内部控制有效性，进一步改进和完善内部控制。同时，单位要将内部监督、自我评价与干部考核、追责问责结合起来，并将内部监督、自我评价结果采取适当的方式内部公开，促进自我监督、自我约束机制的不断完善。

行政事业单位应根据《行政事业单位内部控制报告管理制度（试行）》，结合本单位内部控制建立与实施的实际情况，明确相关内设机构、管理层级及岗位的职责权限，按规定的方法、程序和要求，有序开展内部控制报告的编制、审核、报送、分析使用等工作。单位主要负责人对本单位内部控制报告的真实性和完整性负责。

五、重难点问题

1. 行政事业单位内部控制原则有哪些？

（1）全面性原则。内部控制应贯穿单位经济活动决策、执行和监督的全过程，覆盖单位经济和业务活动的所有领域，贯穿内部权力运行的全部过程，实现对经济活动的全面、全程控制。全面性原则还要求单位所有人员参与内控建设工作。

（2）重要性原则。单位内部控制应在全面控制的基础上，关注重要业务事项和高风险领域，并采取更为严格的控制措施，确保不存在重大缺陷。内控建设要优先关注“三重一大”事项，即重要政策制定、重要人事任免、重要项目安排和大额资金使用等。

（3）制衡性原则。内部控制应在单位内部的部门管理、职责分工、业务流程等方面形成相互制约和相互监督。单位经济活动的决策、执行和监督过程要实现分离，不相宜职务要相互分离。

（4）适应性原则。内部控制应符合国家有关规定和单位的实际情况，并随着外部环境的变化、单位经济活动的调整和管理要求的提高，不断修订和完善。

行政事业单位旨在为公众提供服务，更注重社会效益而不是经济利益，因此，行政事业单位内控建设不强调成本效益原则。企业内控建设要遵循成本效益原则，以适当的成本实现有效控制。

2. 行政事业单位内部控制与企业内部控制的主要区别有哪些？

（1）内控建设的最终责任主体不同。尽管内控建设涉及全体人员，但企业内控建设的最终责任主体是董事会。而行政事业单位内控建设的最终责任主体是单位负责人。

（2）内部控制目标不同。企业和行政事业单位内部控制目标有三点是相同的，都包括合规目标、资产目标和报告目标。企业内部控制强调提高运营的效率效果，促进企业实现发展战略，而行政事业单位则强调要有效防范舞弊和预防腐败，提高公共服务的效率效果。

（3）内部控制原则不同。企业和行政事业单位建立与实施内部控制，都应遵循全面性、重要性、适应性和制衡性等原则。但行政事业单位内控建设不强调成本效益原则。企业内控建设要遵循成本效益原则，以适当的成本实现有效控制。

（4）内部控制范围不同。两者都包括对单位整体层面和业务活动层面的控制。但企业内部控制范围还包括对子公司和分支机构的控制，范围比行政事业单位广。

（5）内部控制监督机制不同。企业有强大的内控建设内在动力，董事会、监事会、审计委员会和内部审计等内部监督机制也较为健全，企业内控建设主要是内部监督。而行政事业单位的内控建设中，外部监督发挥更大的作用，由外部监督推进内部监督机制的不断完善。

六、案例测试

资料：甲单位是一家中央级事业单位。2018 年 5 月，决定开展系统内全面检查，以促进单位内控建设。甲单位派出检查组，对不在同一城市的下属 A 单位进行检查，发现：

（1）2017 年，A 单位正在进行一项工程项目建设，为套取工程预算和支出，同年 5 月份，A 单位负责人陈某直接指使财务负责人王某购买了大量虚假发票，套取 1000 万元的资金。财务负责人王某保管所有的财务专用章、个人名章和票据等。

（2）2017 年 12 月 31 日，A 单位进行盘点时，发现办公设备和车辆都存在盘亏的现象，经检查，A 单位没有建立资产台账，没有制定盘点制度，A 单位资产已经三年没有进行过相应的盘点。

（3）2017 年年底，A 单位为各部门发放了一部分奖金，各部门负责人根据部门情况和人员表现情况进行发放，发放金额由部门负责人决定。财务负责人王某在单位负责人陈某的怂恿下，在将奖金分配给下属单位时，仅分了很少一部分，而且未见领取人在奖金分配单上签名。其余的部分由陈某和王某共同占用，合计金额为 20 万元。

这些事件发生以后，甲单位对 A 单位的这些问题高度重视，通过办公会作出以下决定：

（1）建立健全单位内部控制。由财务负责人组织制定与实施内部控制，今后如果内部控制再出现问题，应由财务负责人承担全部责任。

（2）加强财务管理。单位的银行预留财务专用章、个人名章印鉴由财务负责人一人保管，出纳保管银行票据。

（3）加强业务控制。所有业务包括谈判价格、合同的签订、业务的运作、款项的结算等，均由甲单位业务部统一负责，各下属单位仅负责宣传、推广，协助工作等。

（4）建立资产台账，加强资产实物管理，定期清查盘点资产，确保账实相符。建立资产信息管理系统，做好资产的统计、报告、分析工作，实现对资产的动态管控。

要求：

1. 从单位业务层面内部控制分析，上述发现问题（1）—（3）至少暴露出A单位内部控制存在哪些缺陷。

2. 分析甲单位办公会作出的（1）—（4）决定有无不当之处；如有不当之处，简要说明理由。

七、本章练习题

（一）单项选择题

1. 内部控制将单位的业务管理与财务管理实现了有机的结合，将内部控制嵌入（　　）之中，可以实现内部控制的程序化和常态化。

A. 流程梳理　　B. 信息系统

C. 制度培训　　D. 岗位轮换

2. 关于行政事业单位建立与实施内部控制应当遵循的原则，以下说法中，不恰当的是（　　）。

A. 根据全面性原则，内部控制应当贯穿单位经济活动的决策、执行和监督全过程，实现对经济活动的全面控制

B. 根据重要性原则，内部控制应当关注单位重要经济活动和经济活动的重大风险实现发展战略

C. 根据制衡性原则，内部控制应当在单位的每一个部门、每一个人员之间形成相互制约、相互监督

D. 根据适应性原则，内部控制应当符合国家有关规定和单位的实际情况，并随着外部环境的变化、单位经济活动的调整和管理要求的提高，不断修订和完善

3. 根据《行政事业单位内部控制规范》，行政事业单位对经济活动风险评估执行的频率恰当的是（　　）。

A. 至少每年一次　　B. 至少每半年一次

C. 至少每月一次　　D. 至少每一季度一次

4. 下列各项中，不符合行政事业单位单位层面内部控制要求的是（　　）。

A. 行政事业单位经济活动的决策、执行和监督应当实行高度集中，不得相互分离

B. 行政事业单位应当建立健全集体研究、专家论证和技术咨询相结合的议事决策机制

C. 重大经济事项的内部决策，应当由行政事业单位领导班子集体研究决定

D. 行政事业单位应当充分运用现代科学技术手段加强内部控制

5. 单位的各项收入应当由财会部门归口管理并进行会计核算，严禁设立账外账。以下做法不恰当的是（　　）。

A. 对应收未收项目应当查明情况，明确责任主体，落实催收责任

B. 对应收未收项目记账会计应当即使催收

C. 财会部门应当定期检查收入金额是否与合同约定相符

D. 业务部门应当在涉及收入的合同协议签订后及时将合同等有关材料提交财会部门作为账务处理依据，确保各项收入应收尽收，及时入账

（二）多项选择题

1. 下列各项关于预算业务内部控制的表述中，正确的有（　　）。

A. 预算业务环节包括预算编制、预算审批、预算执行、决算和绩效评价

B. 行政事业单位的财会部门是单位内部预算管理的决策机构

C. 行政事业单位的预算由财会部门编制，预算执行部门不参与预算编制

D. 行政事业单位应当对按照法定程序批复的预算在单位内部进行指标分解、审批下达

2. 下列各项中，属于行政事业单位预算绩效管理机制的有（　　）。

A. 预算编制有目标　　B. 预算执行有监控

C. 预算完成有评价　　D. 评价结果有反馈和反馈结果有应用

3. 行政事业单位应当合理设置支出业务岗位，明确相关岗位的职责权限，确保不相容岗位相互分离。下列各项中，属于支出业务不相容岗位的有（　　）。

A. 支出申请和内部审批　　B. 付款审批和付款执行

C. 业务经办和会计核算　　D. 收入预算和收入核算

4. 行政事业单位应当加强支出审批控制。下列各项中，属于支出审批控制要求的有（　　）。

A. 明确支出的内部审批权限　　B. 明确支出的内部审批程序

C. 明确支出的内部审批责任　　D. 明确支出的内部审批相关控制措施

5. 下列各项中，属于行政事业单位开展部控制的具体工作的有（　　）。

A. 梳理单位各类经济活动的业务流程，明确业务环节

B. 系统分析经济活动风险，确定风险点

C. 选择风险应对策略，并建立健全单位各项内部管理制度

D. 督促相关工作人员认真执行

（三）判断题

1. 行政事业单位财务负责人对本单位内部控制的建立健全和有效实施负责。（　　）

2. 不相容岗位相互分离是指，明确各岗位办理业务和事项的权限范围、审批程序和相关责任，建立重大事项集体决策和会签制度。相关工作人员应当在授权范围

内行使职权、办理业务。（ ）

3. 归口管理是指行政事业单位按照管控事项的性质与管理要求，结合单位职责、组织机构和岗位设置，在不相容岗位相互分离的前提下，明确单位内部各个业务的归口管理责任单位的控制方法。（ ）

4. 预算控制不同预算业务控制。（ ）

5. 行政事业单位的预算主要是支出预算，反映预算年度内单位的资金使用方向，是单位财务工作的基本依据。（ ）

第十一章

内部控制与风险管理新发展

一、学习目标

1. 熟悉 COSO《内部控制——整合框架（2013）》的整体变化；
2. 熟悉与内部控制各要素相关的基本原则及其主要关注点；
3. 熟悉 COSO《企业风险管理框架——与战略和绩效的整合》的整体变化；
4. 熟悉 COSO《企业风险管理框架——与战略和绩效的整合》中的 5 要素和 20 项原则；
5. 熟悉 2018 版 ISO31000 的原则、框架和流程；
6. 了解风险智能管理的理念和框架，以及嵌入人工智能的风险管理；
7. 理解和掌握“互联网 +”环境下的内部控制目标；
8. 了解“互联网 +”环境对内部控制各要素的影响，以及如何应对这些影响。

二、本章结构（图 11 -1）

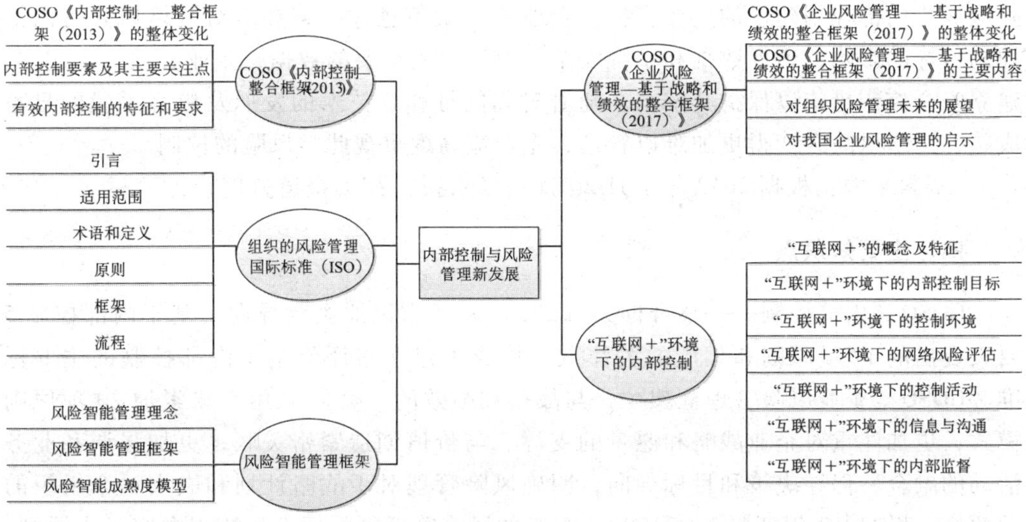

图 11 -1 第十一章内部控制与风险管理新发展结构图

三、引导案例

民航高管入侵中航信系统，盗取近2000万旅客信息牟利。

2011年11月，中国首例入侵民航计算机系统盗取信息要案在北京东城区法院开庭审理。自2005年至2010年，龙某等6名民航系统相关公司的高管（龙士凡、宋金箱、贺平、吴港水、董强、高睿），利用在航空公司任职的便利，侵入中航信计算机信息系统，窃取近2000万条客户信息，大力推行航空意外保险。目前，6人因非法侵入计算机信息系统罪，被东城法院判处1年6个月到缓刑不等的刑罚。

6名被告人中，多数都有在航空公司任职的经历，并且已是企业领导。其中，第一被告人龙某，案发前在中国民航信息网络股份有限公司工作，第二被告宋某，曾任中国民航信息网络股份有限公司执行董事兼中航信厦门民航凯亚公司董事长。

据了解，2005年，龙某、宋某合谋，由宋某伙同贺某等人，共同出资成立了厦门易迅科技有限公司，吴某出任法定代表人，研发建立了可非法接入中航信计算机信息系统、获取有关民航数据信息的“迅保系统”。随后，龙某利用该系统及非法获取的民航信息数据进行经营活动。

据介绍，自2005年至2010年，“迅保系统”通过非法侵入中航信计算机信息系统的方式，共获取有关民航数据1996万余条。中航信称，其因此造成经济损失约4500万元。

法院一审认为，龙某等6人的行为已构成非法侵入计算机信息系统罪。6人分工不同，但目的相同，均应承担相应的刑事责任。据此，判处龙某有期徒刑1年6个月，宋某有期徒刑1年6个月，缓刑1年6个月。贺某等人也分别获刑。

本案例告诉我们，在基于网络驱动的现代企业经营和管理活动中，管理网络风险应成为内部控制建设的重要目标，企业要收集信息，了解和应对网络风险对内部控制目标的影响，确保数据和系统安全。对于至关重要的数据，企业必须投入成本，建立安全控制措施以保护其安全。随着时间的推移、技术的发展及黑客手段的日益成熟，网络风险会变得更加难以管理，企业应高度重视此类风险的控制。

（资料来源：根据2012年1月20日《新京报》相关报道整理）

四、主要知识点

COSO《内部控制——整合框架（2013）》注重以原则为导向，基于内部控制5要素提出的17项原则和相应的关注点，构成了建立与评价组织内部控制的主要标准。COSO《企业风险管理框架——与战略和绩效的整合》采用5要素加20项原则模式，更加注重对企业战略和愿景的支撑、与价值创造紧密关联，更加强调和业务活动的融合，倡导决策和目标导向，明确风险管理对于战略计划和嵌入整个组织的重要性。ISO2018年新版ISO31000：组织的风险管理国际标准的核心内容是由原则、框架和流程三部分组成的“三轮框架”，原则轮突出了对价值创造和保护的总原则；

框架轮的核心是领导力与承诺，强化了领导层的职责和整合的重要性，更加风险管理与企业其他管理活动的融合；流程轮强调了风险记录与报告，延续了风险评估的经典流程，包括风险识别、风险分析、风险评价和风险应对等。德勤国际会计公司借助现代信息技术，从风险治理、风险管理架构及监督、风险归属责任三层次，提出九项核心原则，基于人员、流程和技术三个维度实施风险管理，搭建了风险智能管理新框架。“互联网+”对内部控制目标和要素都产生了深远影响，管理网络风险是“互联网+”时代内部控制的首要目标，企业应依据 ISO27000 和 COBIT 等国际标准来实施网络风险的控制，确保信息系统合规合法、数据处理正确无误、系统运行安全可靠、提高系统的可审计性、可维护性和可恢复性。

五、重难点问题

1. COSO《内部控制——整合框架（2013）》的主要变化有哪些？

（1）注重以原则为导向的方法。注重以原则为导向的方法，新框架提出基于内部控制五要素的 17 项原则和相应的关注点，形成一个层次分明的内部控制体系：目标—要素—原则—关注点。以原则为导向的制定思路具有广泛性和适用性，新框架适用于任何类型的组织，以及组织内的单元或部门。

（2）扩大了内部控制的目标。新框架提出的报告目标包括外部财务报告和非财务报告目标以及内部财务报告和非财务报告目标。内部控制的经营目标反映管理层的选择，需要考虑风险容忍度，主要内容包括经营和财务业绩目标等，经营目标应作为组织配置资源的基础。内部控制的合规性目标反映遵循外部法律法规、监管要求、相关规则、行业自律、内部规章等的要求。

（3）控制环境有关的主要变化。关于控制环境要素，新框架更准确地回答了控制环境应包含的内容，加入了五个与道德价值观、董事会或审计委员会、管理哲学和经营风格、组织结构等相关的原则；解释了内部控制各要素之间的联系，揭示了一个有效的内部控制系统究竟有哪些基本的控制环境；组织应考虑内外部环境变化，如领导人更替、业务转型、法规变化、商业模式创新等对内部控制体系产生的影响。管理层需要了解发生在组织内外部的重大环境变化，及这些变化是如何影响内部控制体系的。

（4）风险评估有关的主要变化。关于风险评估要素，旧框架在风险评估阶段对目标设定进行了具体规定，而新框架将这部分内容移到内部控制总论部分论述，认为设定目标是内部控制的先决条件，目标设定并不是内部控制过程，而是组织进行内部控制活动时存在的既有环境。风险评估过程包括风险识别、风险分析和风险响应三个环节。强调风险评估要关注与重大漏报、资产保护不足及腐败相关的舞弊风险，关注各种变化对风险评估的影响，组织需要对这些变化因素进行识别与评估。

（5）控制活动有关的主要变化。日益先进的信息技术影响了所有内部控制要素的实施方式，组织应关注信息技术应用带来的相关风险，并给出相应的操作指引：

确定信息技术应用与一般性控制的独立性、建立相应的技术设施控制活动、建立相关技术安全管理控制、建立技术获取、开发和维护控制。另外，新框架将控制活动的实施分为一般控制政策及业务流程两个层面，后者作为前者的具体实现方式。

（6）信息与沟通有关的主要变化。信息与沟通是整个内部控制系统发挥作用的支持要素，新框架提出了与获取信息有关的重要方面，如确认信息需求、捕获内外部数据源、将数据转化为信息、保证信息质量、考虑成本和收益等。新框架研究了法律和监管要求对信息可靠性和信息安全的影响，强调了信息质量的重要性，认为高质量的信息应具备保密性、可获得性、充分性、有效性和可验证性。新框架提出了与内外部沟通有关的要求：沟通内部控制信息、与董事会沟通、与外部利益相关者沟通、保证内外沟通顺畅、提供独立的沟通渠道、选择沟通方法。讨论了业务流程复杂化、与外部机构的频繁交流及科技进步等对信息数量、信息来源、信息质量、沟通机制及沟通效率的影响。

（7）监控活动有关的主要变化。关于监控要素，新旧框架的变化不大，都要求组织通过持续性监控和独立评估确认内部控制各要素是否存在并发挥作用。新框架更加强调监控活动要达到的目标，以及发现内部控制缺陷后的处理方式。新框架要求组织定期对内部控制进行评价，及时将发现的内部控制缺陷报告给负责执行纠正措施的主体，这些主体包括高级管理层、董事会，具体视缺陷情况而定。

（8）新框架的其他变化。有效的公司治理是内部控制有效性的最大保证，组织业务和运营环境日益复杂化对公司治理提出了更高的要求，战略委员会、审计委员会、薪酬委员会、预算委员会等在公司治理中应发挥更大作用。随着竞争环境的变化、经济一体化和信息技术的不断进步，很多新的商业模式应运而生，管理层要更加关注包括供应商和客户在内的价值链管理。例如，新框架单独提出了在引入外部服务提供商时，需要了解与该服务有关的活动和控制，并考虑外包服务提供商的内部控制对本组织内部控制的影响。

2. COSO《企业风险管理框架——与战略和绩效的整合》的主要变化有哪些？

（1）优化了风险、风险管理和风险偏好等基本概念。新框架下，风险被定义为事件发生并影响组织实现战略和商业目标的可能性。影响不仅包括负面影响，还包括正面影响。风险管理被定义为：组织在创造、保持和实现价值的过程中，结合战略制定和执行，赖以进行管理风险的文化、能力和实践。将风险管理直接从“一个流程或过程”提升到“一种文化、能力和实践”。坚持目标导向，用绩效的波动区间替代原风险容忍度的概念，有利于将风险和绩效紧密关联在一起。风险偏好是主体为追求价值所愿意承受风险的类型和数量，组织必须根据自身风险偏好管理基于战略和商业目标的风险。

（2）由“控制框架”打造为“管理框架”。新框架以企业使命、愿景及核心价值观为出发点，阐述了战略、绩效与风险管理之间的内在联系。新框架不再仅仅是一个“控制框架”，而变身为一个“管理框架”，将风险与企业战略、绩效相结合，强调风险管理不是一项孤立的工作，而是企业整个管理工作的一部分。

（3）新框架运用了“要素 + 原则”模式。新框架抛弃了 2004 年版的立方体 8 要素框架，采用“要素 + 原则”模式，把风险管理框架中的要素和原则贯穿融入企业战略、绩效和价值提升过程、实践和能力，将原来的 8 要素整合为治理与文化、战略和目标设定、绩效、审查与修订和信息、沟通与报告 5 个要素。每个要素下面都有对应的原则与之适应，共 20 项原则。

（4）淡化风险管理的局限性。COSO《内部控制框架（1992）》和《企业风险管理——整合框架（2004）》都明确列示了企业内部控制和风险管理工作的局限性，而且这两个框架的局限性基本一致。比如：仅能提供合理保证，决策可能出现人为判断错误、员工串通、管理层凌驾、成本效益限制等可能导致企业风险管理失败。而新框架删除了关于风险管理局限性的论述，意在强调其作为一套“管理体系”而非“控制体系”，以求突破原来企业风险管理的局限性。

（5）其他变化。新框架还有一些其他变化，例如：强调了文化在风险管理中的重要性。阐述了在风险治理和内部监督的大背景下，理解和塑造文化的重要性，以及文化如何影响框架的其他组成部分；强调风险与价值之间的关系。企业的使命是为利益相关方创造价值，新框架强调了风险管理在创造、实现和保护价值方面的作用。风险管理不再局限于防止组织价值侵蚀而将风险降至可接受水平，相反，它被视为战略制定不可分割的组成部分，并为创造、实现和保持价值的创造机会；将风险管理与决策联系起来。决策发生在价值链的每个阶段，战略选择、商业目标和业绩指标的确立以及资源分配等都离不开决策。决策过程必须融入风险意识，认识到风险信息对提高管理者决策能力的帮助，恰当地理解风险的严重性和类型，及时对决策过程中的相关风险开展识别、评估和应对。

3. COSO《企业风险管理框架——与战略和绩效的整合》中的 5 要素加 20 原则包括哪些具体内容？

（1）治理与文化。治理与文化为企业风险管理其他要素奠定了基础。治理确定企业的基调，强调了加强企业风险管理的重要性，并建立监督责任。文化与道德价值观、理想行为，以及对主体风险的理解有关，并且体现于决策过程。该要素由五项原则支撑：执行董事会风险监督：董事会对战略进行监督，肩负治理责任，支持管理层实现战略和业务目标；建立运营架构：组织建立运营架构用以实现战略和商业目标；定义期望的组织文化：组织定义其所期望的行为，树立主体所追求的文化理念；展现对核心价值的承诺：组织对主体核心价值观的承诺；吸引、培养并留住人才：组织致力于培育与战略和业务目标相适应的人力资本。

（2）战略和目标设定。在组织战略规划过程中，企业风险管理、战略和目标设定密切联系并共同发挥作用。风险偏好的确定以战略为基础，应与战略保持一致；商业目标将战略付诸实践，并作为风险识别、风险分析和风险应对的基础。该要素由四项原则支撑：分析商业环境：组织应重视不同商业环境对风险评估的潜在影响；

定义风险偏好：组织在创造、保持和实现价值的前提和背景下定义风险偏好；评估替代战略：组织评估替代战略以及对风险评估的潜在影响；建立商业目标：组织在建立支持战略实现的不同层次的商业目标时应对风险进行评估。

（3）绩效。组织需要对影响战略和商业目标实现的各项风险进行识别与评估。在风险偏好的背景下，应该对风险按照严重程度进行排序。组织将采取组合视角衡量其所承担的风险总量，对风险进行评估和应对，并将这一过程的结果向风险主要利益相关方进行报告。该要素由五项原则支撑：识别风险：组织对影响战略和商业目标绩效的有关风险进行识别；评估风险的严重程度：组织对风险的严重程度进行评估；风险排序：组织对风险进行排序，并作为制定风险应对措施的基础；实施风险应对：组织识别并选择风险应对措施；建立风险的组合观：组织开发和评估风险组合视图，建立一种组合的视角来评估风险。

（4）审查与修订。通过审视主体绩效情况，组织可以考虑如何利用企业风险管理的要素，根据重大的变化发挥更为长期的作用，以及需要进行哪些修订。该要素由三项原则支撑：评估重大变化：组织识别和评估可能对战略和商业目标产生重大影响的变化；审查风险和绩效：组织审视主体绩效并考虑相关风险；企业风险管理改进：组织需要不断改进企业风险管理。

（5）信息、沟通与报告。企业风险管理应该是一个持续的过程，从内部和外部来源获取和共享必要的信息，并让这些信息以各种形式在整个组织中流动。该要素由三项原则支撑：利用信息系统：组织利用主体的信息和技术系统来支持企业风险管理；沟通风险信息：组织运用沟通渠道支持企业风险管理；对风险，文化和绩效进行报告：组织对主体各层次的风险、文化和绩效进行报告。

4. 2018 年版 ISO31000（组织的风险管理国际标准）和旧版标准相比，有哪些主要变化？

（1）内容更加精简，定义和术语部分的内容被大幅缩减，风险管理原则由 11 项减为 8 项，更加聚焦组织的价值创造、维护和实现；

（2）强调了风险管理对于决策支持的重要性；

（3）更加注重风险管理的整合。风险管理不是一项孤立的管理活动，需要与其他管理活动整合；

（4）强调“领导力与承诺”，强化了高层领导者在风险管理中的角色和职责。

5. 请简要概括和评价 ISO31000 描述的风险管理原则有哪些？

原则中最核心的内容为“价值创造与保护”，共 8 项：

（1）整合，风险管理是组织所有活动不可或缺的组成部分；

（2）结构化和全面性，风险管理的结构化和全面性有助于获得一致的和可比较的结果；

（3）定制化，风险管理框架和流程是根据组织的内外部环境来制定的，并与其目标密切相关；

（4）包容性，风险管理应该做到集思广益并有利益相关方的适时参与，利益相关方的适时参与使得他们的知识和观点被考虑其中，进而提高风险管理的效率效果；

（5）动态的，随着组织内部和外部环境的变化，组织面临的风险可能会出现、变化或消失。风险管理应及时而适当地预测、发现和响应这些变化和事件；

（6）有效信息利用，风险管理的投入应基于历史和当前的信息以及对未来的预测。风险管理应明确考虑到与这些信息和期望相关的任何限制和不确定性。相关信息应及时、清晰地提供给利益相关方；

（7）人员与文化因素，人员行为和文化对风险管理的各个方面、不同层面和阶段均有显著影响；

（8）持续改进，通过不断学习和积累经验，持续提高风险管理水平。

6. 企业在人工智能应用领域，面临哪些特殊的风险？

（1）技术风险。AI 技术的嵌入和应用可能产生的新风险主要是技术风险：一是算法逻辑具有不确定性，主客观因素的影响易导致算法设计或实施出现失误，产生与预期不符的技术偏差；二是算法应用具有不稳定性，一方面同样算法在不同场景下可能出现“不适应”而导致失误，当 AI 应用模块的上下游组件发生变动或更新时，AI 应用同样可能出现“不适应”；另一方面算法训练所需的海量数据可能存在噪声而对算法产生负面影响，进而引发技术故障；三是技术可能存在脆弱性，AI 学习框架和组件可能存在安全漏洞，一旦被恶意攻击将引发系统安全问题，引发财产损失和负面影响；四是当 AI 系统供应商发生变动或不再提供更新、维护服务时，AI 系统可能会存在安全风险。特别是用户对该系统依赖度很大时，这种风险会被放大。

（2）数据风险。AI 应用依赖不断发展的数据采集来驱动 AI 决策，因此 AI 应用对数据数量和数据质量十分依赖，AI 应用中最棘手的问题可能是缺少足够多的高质量数据。随着从诸如网络、社交媒体、移动设备、传感器和物联网之类的来源摄取的非结构化数据的增加，大量的垃圾数据随之而来，摄取、分类、链接和正确使用数据变得越来越困难。数据安全和数据质量可能会成为 AI 应用的又一类风险，低质量的数据摄入会直接影响计算结果的公允性及其决策价值。

（3）隐形错误。很多 AI 模型的不透明性以及快速扩张能力可能将过程和错误隐藏起来。AI 数据处理过程对绝大多数用户来说像个“黑匣子”，这就带来了模型的可解释性或透明度问题，这些隐藏性甚至可能被别有用心的人滥用，大大增加了输出结果可审计性和可溯源性的难度。另外，管理层可能很难向监管层证明复杂的 AI 应用程序是如何做出符合规定的正确决策的，这可能导致合规风险的发生。

（4）互动风险。人机互动对话是 AI 应用的另一个关键风险领域。人类判断错误可能引发风险，人的不当选择和错误判断很容易损害公平性、安全性和合规性，特别是带有主观偏向或利益驱动情况的选择和判断，如果没有严格的保护，心怀不满的员工或外部敌人甚至会以恶意方式破坏算法或修改 AI 应用程序。

（5）人员风险。AI 应用面临的人员风险主要来自：一是炙手可热的 AI 领域最短缺的可能不是政策，不是市场，而是人才；二是AI算法被黑客攻击或别有用心人士操纵的风险。网络攻击者可通过漏洞控制AI算法，实现物理硬件操纵、实施舆论引导、制造虚假图像或影响、制造信息噪音等，造成安全隐患。图像、声音合成越来越逼真，由此滋生的网络诈骗已屡见不鲜；三是AI应用为企业带来的组织变革和文化冲突风险。技术发展可能使AI完全模拟人的情感，拥有健全的人格。机器一旦人格化之后可能会对文化和伦理带来巨大挑战。

7. “互联网+”环境下的内部控制目标应该如何设定？

管理网络风险是“互联网+”时代内部控制的首要目标，企业要收集信息，了解和应对网络风险对内部控制目标的影响，确保信息系统合规合法、数据处理正确无误、系统运行安全可靠、提高系统的可审计性、可维护性和可恢复性。

六、案例测试

资料：华东地区某省家纺集团公司，属于地方国企，该集团拥有近3万个纺织品花形数字化图纸设计文件（无形资产），各类正版软件8515套，涉及使用软件员工约2000人，集中在总部和研发部门。集团数控生产线依赖数字化家纺花形图纸，拥有办公终端机1707台和351台服务器等硬件设备。总之，该集团IT资产分三大类，软件、硬件和设计文件。

由于集团员工众多，计算机数量较多，员工随意安装、使用、处置软件情况普遍存在。多次出现设计师离职带走价格高昂的设计软件以及员工擅自安装上网聊天工具，造成设计图纸数据外流的情况。同时，还存在软件许可证保管混乱等问题。结果导致大量国有无形资产流失。

2016年3月，集团董事会进行了换届，并推选了新任CEO。新一届董事会和新任CEO都决定扭转这种状况，并将此问题列为当前的重点工作来抓。

要求：假设您是新任CEO，您打算从哪些方面来解决这些问题？您的工作方案要点包括哪些方面？

七、本章练习题

（一）单项选择题

1. 按照COSO委员会的观点，大多数交易可分成三类独立的职责：认可或发起交易、处理被交易的资产，以及（　　）。

A. 批准交易　　B. 执行交易

C. 记录交易　　D. 会计核算

2. 要确认新购计算机的资产价值，最具说服力的信息是（　　）。

A. 询问管理部门　　B. 观察业务客户的处理程序

C. 实物检查　　D. 外部提供的资料

3. “不把鸡蛋放在一个篮子里”，描述的风险管理策略是（　　）。

A. 风险降低　　　　　　　　　　B. 风险化解

C. 风险转移　　　　　　　　　　D. 风险避免

4. 下列各项中不符合有效控制原则的是（　　）。

A. 为了加强投资控制，公司聘请有实力的咨询公司做投资项目的可行性研究报告，明确投资方案、回报率等内容

B. 与员工签订协议，规定不得以私人名义经营与公司有关的业务、保守商业秘密等，并规定相应的处罚条款

C. 企业研究成果的开发应当分步推进，通过试生产充分验证产品性能，在获得市场认可后方可进行批量生产

D. 资金管理信息系统允许多人用同一用户名在同一个 IP 地址操作

5. 要证实销售部门新购计算机的存在性，最具说服力的信息是（　　）。

A. 询问管理人员　　　　　　　　B. 观察业务客户的处理程序

C. 实地检查　　　　　　　　　　D. 外部提供的文件

（二）多项选择题

1. 与《内部控制——整合框架》（1992）相比，2013 年 5 月，COSO 委员会修订后的《内部控制——整合框架》主要变化表现有（　　）。

A. 修改了内部控制核心定义

B. 概括了“对诚信和道德价值观的承诺”等 17 条原则

C. 将报告的范围从对外财务报告目标扩展到内部和外部、财务和非财务的报告目标

D. 将战略目标设定作为内部控制的组成部分

2. 下列各项中符合有效控制原则的有（　　）。

A. 为了加强投资控制，公司聘请有实力的咨询公司做投资项目的评审决策

B. 与员工签订协议，规定不得以私人名义经营与公司有关的业务、保守商业秘密等，并规定相应的处罚条款

C. 企业研究成果的开发应当分步推进，通过试生产充分验证产品性能，在获得市场认可后方可进行批量生产

D. 资金管理信息系统允许多人用同一用户名在同一个 IP 地址操作

3. COSO 报告认为，有效的内部控制系指下列（　　）状况。

A. 已遵循相关法令

B. 已有独立董事

C. 公司报告完整可靠

D. 董事会及管理层知悉营运的目标达成之程度

4. 下列做法中，能够强化内部控制有效性的有（　　）。

A. 设置内部审计部门　　　　　　B. 聘用有良好品德的员工

C. 存货采用实地盘存制管理　　　D. 遵循会计准则进行会计核算

5. 下列有关 COSO2017 年发布的新版企业风险管理框架的陈述，正确的是（　　）。

A. 风险管理架构的成效，有赖于信息系统所收集资料的质量

B. 企业风险管理架构，可取代 COSO2013 年发布的内部控制整合框架，作为企业建立内部控制的主要依据

C. 管理当局的风险偏好，将决定风险容忍度及相对应的管理及控制措施

D. 强调风险的辨识、管理、沟通与监督

（三）判断题

1. 企业内部控制在计算机信息系统普及化后，组织与管理均面临改变。因管理者直接通过信息系统取得信息，使得组织结构趋向垂直化。（　　）

2. 企业风险管理是一项独立的管理职能，主要是风险管理部门的事情。（　　）

3. 风险管理有助于降低组织的潜在损失，减少组织未来的不确定性，但却无助于组织的价值创造。（　　）

4. 内部控制和风险管理主要集中在业务层面和职务岗位方面，以财务控制为主，重点是防范差错和舞弊。（　　）

5. 在“互联网 +”环境下，企业内部控制的目标与传统商业环境下的企业内部控制目标不应有所不同。（　　）

第二部分

模拟试卷

模拟试卷（一）

一、单项选择题（每题1分，共10题，共10分）

1. 以下有关内部控制的说法中，错误的是（　　）。

A. 内部控制是一个动态的过程

B. 内部控制是由一系列要素组成的完整框架

C. 内部控制有助于提高企业运营的效率和效果，却无助于提高财务报告的可靠性与合规性

D. 内部控制管控的对象是影响企业目标实现的各种风险

2. 大型制造业企业的以下哪项组织结构特征存在薄弱控制环节（　　）。

A. 信息系统部门由直接向总经理报告的副总经理来领导

B. 首席财务官兼任副总经理，并向首席执行官报告

C. 审计委员会由首席执行官、首席财务官和大股东组成

D. 会计主管和财务主管向首席财务官报告

3. 在企业组织架构设置中，上市公司应在（　　）下设审计委员会。

A. 总经理　　B. 董事会

C. 财务部　　D. 股东大会

4. 在关键岗位轮换制度中，企业对关键岗位的员工，应确保在最长不超过（　　）的时间内进行岗位轮换或强制休假。

A. 一年　　B. 三年

C. 五年　　D. 十年

5. 甲公司董事会对待风险的态度属于风险厌恶型。为有效管理公司的信用风险，甲公司管理层决定将其全部的应收款项以应收总金额的80%出售给乙公司，由乙公司向有关债务人收取款项，甲公司不再承担有关债务人未能如期付款的风险。甲公司应对此项信用风险的策略属于（　　）。

A. 风险规避　　B. 风险分担

C. 风险降低　　D. 风险承担

6. 在存货采购业务中，可以兼任会计工作的人员是（　　）。

A. 付款的审批人员　　B. 存货的保管人员

C. 审核付款人员　　　　D. 存货的使用人员

7. 在内部控制建设中，企业可以按照PDCA管理循环不断完善提升内部控制体系，即（　　）。

A. 执行—评价—完善—设计　　　　B. 设计—执行—评价—完善

C. 评价—完善—设计—执行　　　　D. 执行—完善—评价—设计

8. 内部控制活动中的授权有常规授权（或一般授权）和特别授权。以下各项中，不属于常规授权（或一般授权）的是（　　）。

A. 制定产品的销售价目表

B. 确定各种类型顾客的信用限额

C. 销售经理对某一巨额销货退回的授权

D. 确定原料采购的自动再订购点

9. 内部审计人员在内部控制监督检查中发现有制度缺失及异常事项，应（　　）。

A. 应据实披露于内部控制评价报告

B. 在内部控制评价报告呈报后，加以追踪并定期作追踪报告

C. 确认相关单位是否已及时采取适当的改善措施

D. 以上皆是

10. 在企业内部控制组成要素中，内部监督区分为（　　）两类。

A. 单独评估及外部稽核　　　　B. 持续监督及长效监督

C. 持续监督及单独评估　　　　D. 以上皆非

二、多项选择题（每题2分，共10题，共20分）

1. 关于预算控制，下列说法不正确的有（　　）。

A. 预算是企业内部实现资源配置的方法

B. 预算是比较短期的控制方法，通常不会关注长期目标

C. 预算是绩效评估的手段之一，也可以激励员工，提高绩效

D. 预算是一个过程，需要各个部门和全员共同参与，成本是预算控制中的核心控制要素

2. 企业应对影响内部控制目标实现的各种风险进行评估，根据评估结果制定相应的措施。下列有关企业风险评估程序的表述中，正确的有（　　）。

A. 在充分调研和科学分析的基础上，对业务流程和管理活动进行全面梳理，找出影响内部控制目标实现的各风险点

B. 依据风险发生的可能性及其对企业影响的严重程度进行风险排序，确定应关注的重要风险点

C. 合理确定企业整体风险承受能力和具体业务层上的可接受风险水平

D. 选择系列风险应对措施，将重大风险和重要风险降低到企业的可接受风险水

平之内

3. 下列事项中，可能表明企业的内部控制存在重大缺陷有（ ）。

A. 注册会计师发现董事、监事和高级管理人员舞弊

B. 企业更正已经公布的财务报表

C. 注册会计师发现当期财务报表存在重大错报，而内部控制在运行过程中未能发现该错报

D. 企业审计委员会和内部审计机构对内部控制的监督无效

4. 关于内部控制的五要素，以下说法中正确的有（ ）。

A. 内部环境为内部控制其他要素的运行提供基础

B. 控制活动有助于保障管理层的指令得以执行

C. 控制活动仅在企业高层存在

D. 在风险评估过程中，应合理量化各风险事件的风险等级

5. 审计委员会是董事会下辖的委员会，关于审计委员会的说法，正确的有（ ）。

A. 审计委员会的主要活动之一是核查对外报告规定的遵守情况

B. 审计委员会一般没有责任确保公司履行了对外报告义务

C. 审计委员会应结合企业财务报表的编制情况，对重大的财务报告事项和判断进行复核

D. 审计委员会的责任是编制财务报表，并负责与外部审计师沟通

6. 下列有关内部控制的措施中，能够有效防范货币资金风险的有（ ）。

A. 建立货币资金业务的岗位责任制，明确相关部门和岗位的职责权限，确保办理货币资金业务的不相容岗位相互分离

B. 建立货币资金授权制度和审核批准制度，并按照规定的权限和程序办理货币资金支付业务，严禁未经授权的部门或人员办理货币资金业务

C. 建立货币资金监督检查制度，定期和不定期进行货币资金清查和对账，确保货币资金账实相符

D. 加强银行预留印鉴的管理，指定责任心强的人员统一保管用于支付款项的各种印章

7. 某公司于2012年3月开工建设生产车间，2014年4月完工。公司董事会考虑到项目金额较大，决定授权公司总经理周某全权负责组织工程的可行性研究，并由其对项目作出决策。之后，公司董事会又授权副总经理吴某负责审核工程概预算编制，并对工程各项价款的支付进行审批。吴某通过私定施工单位捞取了巨额回扣，并利用工程价款支付“一支笔”审批权从中侵占公司巨额财产。根据上述情况，该公司在工程项目建设过程中存在的内部控制缺陷有（ ）。

A. 周某负责组织项目可行性研究并对项目作出决策，违背了不相容岗位相分离的要求

B. 周某负责对项目作出决策，违背了重大项目决策集体审议的内部控制要求

C. 吴某负责审核工程概预算编制并审批工程款支付，违背了不相容岗位相分离的要求

D. 公司授予吴某“一支笔”审批权，属于授权不当

8. 在甲公司内部控制的安排中，下列各项不能有效预防坏账损失发生的内部控制有（　）。

A. 在与客户谈判过程中，授权甲公司业务员将销售价格尽量降低到客户最希望的程度，以降低客户因交易金额过大而发生拒付款项的可能性

B. 在与新客户建立业务关系前，甲公司市场部必须系统调查新客户的资信状况

C. 在销售合同中明确规定预收账款在整个交易金额中的比例，并要求客户对未付款项提供担保

D. 甲公司法律部必须在欠款客户破产清算过程中及时申报其债权，并要求合理清偿

9. 下列各项控制活动中，有助于实现销售交易控制目标的有（　）。

A. 对销售订单、销售发票进行连续编号，并定期核对编号顺序

B. 将销售发票与出库单证相核对

C. 定期独立检查应收账款的明细账与总账的一致性

D. 定期向顾客寄送对账单

10. 企业应对风险的思路有（　）。

A. 降低风险发生的可能性　　B. 降低风险发生的影响

C. 切断风险源　　D. 转移风险承担主体

三、判断题（每题1分，共20题，共20分。正确的标识√，错误的标识×）

1. 不相容职务相分离是一项重要的内部控制活动，但这种控制活动在预防差错和舞弊方面只能提供一种合理保证，而不能提供绝对保证。（　）

2. 执行穿行测试通常足以评价内部控制设计的有效性。（　）

3. 企业产品质量低下，经常侵害消费者利益，必然导致企业巨额赔偿，形象受损甚至破产。（　）

4. 无形资产缺乏核心技术，权属不清，必然导致企业法律纠纷，缺乏可持续发展能力。（　）

5. 甲集团对某一子公司进行重组，需要在方案A和方案B中间选择一套执行，领导班子集体讨论确定A方案，在实施过程中，重组条件发生改变，集团董事长发现方案B更有利，决定改用方案B。董事长的做法是适当的。（　）

6. 存在重大缺陷的内部控制应被认定为无效的内部控制。（　）

7. 某企业销售部门正在开发客户管理系统，该部门负责人认为，将客户管理业务流程、关键控制点和处理规则嵌入系统程序，就实现了建立该信息系统的控制目标。（　）

8. 企业文化建设不仅可以为企业提供精神支柱，而且可以提升企业的核心竞争力。（ ）

9. 对于同一客户而言，如果注册会计师既承担其财务报表审计业务，又承担其内部控制审计业务，则违背了独立审计准则的相关要求。（ ）

10. 企业委托会计师事务所等中介机构实施内部控制评价，可以充分利用中介机构的专业知识和人才优势，并由其承担内部控制评价责任。（ ）

11. 公司治理主要解决企业业务层面的运行机制问题。（ ）

12. 风险对企业目标的影响可以是正面的，也可能是负面的，或两者兼有。（ ）

13. 从内部控制有效性的角度说，设计的管理制度越多越好，控制得越严越好。（ ）

14. 内部控制是由企业董事会、经理层实施的，为营运的效率效果、财务报告的可靠性、相关法律法规的遵循性等目标的实现而提供保证的制度安排。（ ）

15. 内部控制主要是针对普通员工实施的各种管理和控制。（ ）

16. 为方便业务人员办理相关交易的需要，企业可将空白支票提前加盖相关印章，由业务人员持有，并根据支付需要补填收款人单位、款项用途、付款金额等信息。这种做法是可取的。（ ）

17. 为保持全面预算的严肃性，企业经董事会批准下达的全面预算必须保持稳定，不得调整。（ ）

18. 除小额零星物资或服务外，企业不得安排同一机构办理采购业务全过程。（ ）

19. 尽管内部控制评价是企业董事会的责任，但董事会可以授权内部审计机构具体实施内部控制有效性的定期评价工作。（ ）

20. 对于企业在内部控制评价过程中发现和认定的所有缺陷，都应在内部控制评价报告中披露。（ ）

四、简答题（每题5分，共3题，共15分）

1. 固定资产业务中，需要加以分离的不相容职务主要有哪些？

2. 以上市公司为例，说明我国公司治理结构的构成是怎样的？各部分的主要职责是什么？

3. 资产管理业务的内部控制目标有哪些？

五、连线题（每题10分，共2题，共20分）

1. 请将下列内部控制要素与相应的业务或活动画线连接起来：

内部控制要素	业务或活动
A. 内部环境	(1) 设定年度经营目标
	(2) 设置内部审计机构
B. 风险评估	(3) 实行关键岗位轮换
	(4) 识别和认定内部控制缺陷
C. 控制活动	(5) 定期与注册会计师会晤
	(6) 定期分析企业的生产经营情况
D. 信息与沟通	(7) 及时关注市场环境的变化
	(8) 设定采购申请的分级审批权限
E. 内部监督	(9) 在生产经营和管理控制中融入社会责任理念
	(10) 董事会识别和熟悉管理层的风险偏好

2. 内部控制缺陷按其影响程度分为重大缺陷、重要缺陷和一般缺陷。请画线连接哪些属于重要缺陷，哪些属于重大缺陷？

缺陷类别	待认定事项
	(1) 业务管理或操作人员不胜任
	(2) 重要业务管理或操作人员明显不胜任
	(3) 缺乏民主决策程序或决策程序不科学
A. 重大缺陷	(4) 高级管理层成员发生舞弊
	(5) 在主要媒体出现负面新闻
	(6) 未能及时发现或有效应对重大风险，尚未造成一定后果
B. 重要缺陷	(7) 内部控制监督失效
	(8) 管理人员或技术人员流失较多，对经营产生一定影响
	(9) 违反国家法律、法规有关规定
	(10) 内部控制监督不力

六、案例分析题（每题 15 分，共 1 题，共 15 分）

资料：某集团公司按照我国《企业内部控制基本规范》及其配套指引的要求，建立并实施内部控制体系。该公司为此召开了董事会全体会议，就内部控制相关问题进行专题讨论。现摘录部分董事的发言如下：

董秘（向往）：各位董事，大家好，今天召集大家开个专题董事会，主要是想讨论集团的内部控制建设问题。下面，有请董事长讲话。

董事长（高大尚）：大家知道，2010 年 4 月，财政部等五部委联合发布了《企业内部控制配套指引》，连同 2008 年 5 月发布的《企业内部控制基本规范》，构建了我国企业内部控制的规范体系。这个规范体系从2011年1月1日起在境内外同时上市的公司先施行。

董事长（高大尚）：尽管我们不是首批执行的企业，但我们也不能落后。我们应该抢抓机遇，早作准备，尽快启动咱们集团的内部控制建设工作。今天，咱们先开个务虚会，讨论一下关于我们集团的内部控制建设问题，想听听大家有什么建议。

执行董事兼总经理（陈林）：好的，我先来讲讲我的想法吧，首先，我觉得加强我们集团的内部控制建设毫无疑问是非常重要的，因为这可以杜绝串通舞弊和违法乱纪等现象的发生，这是一项关系到我们集团能否持续健康发展的重要举措。

执行董事兼总经理（陈林）：其次，我们要站在发展战略的高度重视风险管理。在发展战略的规划和实施中贯穿风险评估和管控，特别是要关注重大风险的评估与控制。企业关键决策和重要经济活动要进行风险评估。

执行董事兼副总经理（徐超）：陈总说得非常对，我完全赞同。我认为对子公司的控制薄弱一直是我们集团管理的一块心病，因此，加强对子公司的控制十分重要。如果我们集团公司董事会统一任命子公司的总经理和总会计师，让他们直接对集团公司董事会负责，一定可以解决这个困扰我们很久的难题。

执行董事兼总会计师（李媛）：是的，我们必须加强对子公司的控制。我们知道，子公司会计部门是极少数能将子公司各业务环节、各部门及各管理层级联系起来的职能部门，会计系统在企业内部控制系统中发挥着至关重要的作用，我们应重视和加强子公司会计部门在内部控制建设中的作用。

独立董事（史明）：我认为企业内部环境建设十分重要，内部环境是建立和实施内部控制的基础，我们集团应该先从完善组织架构建设入手，致力于优化内部环境，包括：严格规范公司治理结构和各项议事规则，各类业务事项都应提交董事会或股东大会审核批准；合理调整机构设置和权责分配，确保做到所有不相容岗位或职务严格分离、相互制约、相互监督。

执行董事兼副总经理（徐超）：是的，我也觉得内部环境建设十分重要，咱们集团可以从企业文化建设入手，培育内部环境，健全内部控制。我们应加强企业文化建设，倡导诚实守信、爱岗敬业，开拓创新和团队协作精神，这有助于我们完善人力资源政策，建立优胜劣汰的用人机制。

执行董事兼总经理（陈林）：我不认同徐总的说法，我觉得咱们进行内部控制建设的时候，应该抓住重点，尤其要注重加强对控制环境、风险评估及控制活动等内控要素方面的建设，至于企业文化方面，我们看不见，也摸不着（摊摊手），对内部控制的影响较小，可不必投入太多的人力、物力和财力。

（对啊对啊，是的是的～大家点头）执行董事兼副总经理丁（徐超）一脸无奈的表情。

董事长（高大尚）：很好，今天开的是务虚会，大家什么意见都可以说，（看着对方）白雪啊，平常你最足智多谋，这件事，你怎么看？

执行董事兼副总经理（白雪）：（迟疑一下~）我始终觉得我们在生产经营过程中经常面临着各种各样的风险，而这些风险能否被准确识别并得以有效控制，是衡量内控质量和效果的重要标准。

执行董事兼副总经理（白雪）：所以我建议重点关注集团内部各种风险的识别，分析内部风险，根据我们找到的风险点，设置相应的关键控制点和控制措施。对于那些来自集团外部的风险，并不是咱们内部控制所能解决的问题，可不必过多关注。另外，我觉得，对于那些可能给企业带来重大损失的风险事项，我们应该尽量予以回避。

执行董事兼总会计师（李媛）：我同意“白总”的说法，为了准确地识别和应对风险，我认为我们内部控制建设主要是进行制度建设，我们集团应该借助先进的现代信息技术，设计先进的业务办理流程和管理制度，只要有先进的业务办理流程和管理制度，剩下的事情都好办了。

独立董事（黄莉）：内部控制的主要目标就是防止并及时发现、纠正错误或舞弊行为。我们集团应该建立反舞弊机制，实施举报投诉制度和举报人保护制度，将相关的信息及时传达给集团上下全体员工。确保举报和投诉成为集团公司有效掌握信息的重要途径。

独立董事（王刚）：我认为在内部控制建设中，高层论调十分重要，我们董事、监事、经理和其他高管人员要带头示范，以身作则，保持恰当的高层论调，严格依法决策，按制度和规则办事，不能凌驾于内部控制之上。

董秘（向往）：我们集团公司的年度报告连续几年在对外报出后，又都发现了一些这样或那样的差错，导致不得不发布更正公告，对公司形象造成重大负面影响。因此，我建议应建立健全集团公司的责任追究机制，对不按内部控制制度和流程执行相关作业，产生重大缺陷的，应根据其性质或影响程度在业绩考核中给予扣分或降级处理。

董事长（高大尚）：大家的想法都非常有见地，最后我想补充三点意见：第一，思想一定要统一，对集团公司而言，要将对经济利益的追求放在首位，内部控制建设也要服从利润最大化的目标。第二，企业管理要制度化，制度化的关键在于制度的执行，而制度的执行是否有力，需要监督考核予以保障。因此，我认为内部监督一定要到位。内部监督是保障内部控制有效性的关键。

董事长（高大尚）：集团公司要成立履行内部控制监督检查职能的专门机构，直接对集团公司总经理负责，定期或不定期对内部控制执行情况进行检查评价，不断完善集团公司内部控制。第三，组织一定要严密。我建议由总会计师“李媛”全权负责集团公司的内部控制建设问题，有什么需要，就尽管跟我说。我和总经理会全力支持。

要求：请从企业内部控制的理论和原则角度，指出上述各位在会议发言中的观点有无不当之处？并简要说明理由。

模拟试卷（二）

一、单项选择题（每题1分，共10题，共10分）

1. 关于企业内部控制，以下说法中错误的是（　　）。

A. 实施内部控制的成本不应超过因风险降低而可能带来的收益

B. 内部控制系统是企业管理不可或缺的部分

C. 内部控制的主要目标就是消除舞弊和差错

D. 内部监督可合理保证内部控制有效运行

2. 如果审计委员会成员之间有不同的意见无法内部调解，应提请（　　）解决。

A. 股东大会　　B. 董事会

C. 经理　　D. 财务总监

3. 企业通过风险管理，适时取得信息，辨认影响目标不能实现的风险因素，分析其影响程度及可能性，接下来再针对风险（　　）。

A. 采取有针对性的控制活动　　B. 通知董事长信箱采取行动

C. 向监事会报告　　D. 采取行动并向警察局备案

4. 下列选项中哪个不属于采购与付款控制环节的不相容岗位（　　）。

A. 请购与审批　　B. 供应商确定与草拟采购合同

C. 付款审批与付款执行　　D. 采购、验收与相关会计记录

5. 在风险评估过程中，风险对企业所产生的影响是影响风险评级的重要参数，另一个影响风险评级的重要参数是（　　）。

A. 应对风险措施的成本　　B. 风险发生的可能性

C. 企业对风险的偏好　　D. 企业对风险的承受能力

6. 企业管理的核心是“人”，“人”的个别属性在企业内部控制中构成（　　）。

A. 企业的监督评价作业　　B. 企业的控制活动作业

C. 企业的风险评估作业　　D. 企业的内部环境

7. 关于材料存量控制政策及作业程序，如库存材料已达到或即将达到订购点时，由仓储部门填制请购单，送相关部门或人员办理请购审批事宜，这种活动属于（　　）。

A. 文件记录控制　　　　　　　　　　B. 不相容职务相分离控制
C. 资产保护控制　　　　　　　　　　D. 运营分析控制

8. 下列各项中，不属于控制活动的是（　　）。
A. 批准调整客户信用额度　　　　　　B. 订单必须经由特殊核签流程
C. 风险事件的识别和分析　　　　　　D. 必要时，计算机会自动锁住出货系统

9. 关于存货的采购申请，比较合理的请购单编制程序是（　　）。
A. 存货使用部门向存货保管部门提出需要量，保管部门根据现有存货库存量等数据，编制请购单
B. 保管部门根据现有存货的库存量计算出请购量后，编制请购单
C. 存货使用部门根据使用需要量，编制请购单
D. 存货使用部门根据使用需要量，并经资金管理部门确认后，编制请购单

10. 下列说法中，错误的说法是（　　）。
A. 内部控制是一个过程，其有效性是指这一过程在特定时点或特定时段的状态或情况
B. 内部控制能绝对确保企业目标的实现
C. 内部控制的重大缺失需立即改正
D. 内部控制的设计需随着不断变动的环境而适应性地修订

二、多项选择题（每题 2 分，共 10 题，共 20 分）

1. 控制环境是实施内部控制的基础。下列有关控制环境的表述中，正确的有（　　）。
A. 企业文化是企业在经营管理过程中形成的，影响内部控制环境的精神和理念，包括高级管理人员的管理理念、经营风格与职业操守，企业核心价值观，员工行为守则等
B. 健全的治理结构、科学的内部机构设置和权责分配是内部控制的基本前提，是控制环境的重要内容
C. 科学合理的人力资源政策是内部控制的人才和工作机制保证，有利于调动员工的积极性、主动性和创造性
D. 有效的反舞弊机制是发现和处理舞弊行为的制度安排，有利于及时防范因舞弊而导致内部控制失效

2. 下列各选项的两项职务由一人兼任，不符合不相容职务分离原则的有（　　）。
A. 授权与业务经办　　　　　　　　B. 会计记录与财产保管
C. 业务经办与稽核检查　　　　　　D. 授权与稽核检查

3. 担保业务的不相容岗位包括（　　）。
A. 担保业务的评估与审批　　　　　B. 担保业务的审批、执行与监督
C. 担保业务的评估与担保财产的保管　D. 担保财产的保管与担保业务记录

4. 根据 COSO 对内部控制的定义，以下理解正确的有（ ）。

A. 内部控制的保证程度为绝对保证

B. 内部控制是一个实现目标的程序及方法，而其本身并非目标

C. 内部控制需要由企业中的各级人员实施与配合

D. 内部控制只提供合理保证，而非绝对保证

5. 关于内部审计，以下说法中正确的有（ ）。

A. 内部审计师或内部审计的管理者应直接且定期向股东大会报告

B. 内部审计师应具备必要的知识、技巧及训练，以熟练并专业地实施审计工作

C. 内部审计师必须保持客观和独立

D. 内部审计师应被允许直接与外聘审计师沟通

6. 销售与收款业务的内部控制目标包括（ ）。

A. 合理保证商品安全完整、货款及时收回和资金的安全完整

B. 合理保证销售业务顺畅有效地进行，提高销售业务经营和管理的效率及效果

C. 合理保证营业收入、营业成本、销售退回、折扣与折让手续齐备，记录真实完整

D. 合理保证销售与收款业务的真实、合法合规

7. 某大型集团公司为强化担保业务内部控制，制定了担保业务内部控制制度。在该制度规定的下列内容中，符合内部控制要求的有（ ）。

A. 重大对外担保业务由集团公司统一审批，严禁子公司自行对外担保或子公司之间提供互保

B. 对外担保业务应履行严格的风险评估程序，并形成书面评估报告；被担保人要求变更担保事项的，公司应重新履行评估与审批程序

C. 对外担保业务应指定专人进行跟踪分析，密切关注担保项目的进展情况

D. 对于与担保业务相关的抵押物，可以在担保有效期间内进行投资管理，使其保值增值

8. 组织架构建设是企业重要的内部环境，下面属于企业组织架构风险的有（ ）。

A. 治理结构形同虚设

B. 内部机构权责分配不合理

C. 内部机构职能重叠、职能交叉或缺失

D. 运行机制不畅，推诿扯皮，效率低下

9. 下列有关企业内部控制建设的表述中，正确的有（ ）。

A. 内部控制建设有助于企业及时识别和防范风险，促进企业实现战略发展目标

B. 企业应结合自身的管理实践，从控制环境、风险评估、控制措施、信息与沟通、监督检查等要素出发建立本单位的内部控制

C. 内部控制应由企业各个层级的人员共同实施，从企业负责人到各个业务分部、职能部门的负责人，直至每一名员工，都应对实施内部控制负有责任

D. 企业应定期或不定期对本单位内部控制的健全性、合理性和有效性进行评

价，及时发现内部控制设计和实施环节存在的缺陷和漏洞，采取切实可行措施予以改进

10. 下列各项控制活动中，有助于实现采购交易控制目标的有（　　）。

A. 由不负责输入采购订单的人员比较采购订单数据与支持性文件

B. 对采购订单进行连续编号，并定期核对编号顺序

C. 定期与供应商对账

D. 定期编制银行存款余额调节表

三、判断题（每题 1 分，共 20 题，共 20 分。正确的标识√，错误的标识×）

1. 发展战略是企业制定年度经营计划的重要依据。（　　）

2. 治理结构形同虚设，不能形成有效的制衡机制，是企业组织架构建设面临的重要风险。（　　）

3. 全面预算管理是促进企业实现年度经营计划的重要手段。（　　）

4. 企业对超出整体风险承受能力或具体业务层次上的可接受风险水平的风险，应实行风险降低策略。（　　）

5. 内部审计机构对于审计过程中发现的重大问题，视具体情况，可以直接向董事会报告。（　　）

6. 内部机构职能重叠、职能交叉或缺失，是企业组织架构建设面临的重要风险。（　　）

7. 小型企业具有业务单一、所有权和管理权集中、管理层级较少、部门设置简单等特征。因此，小型企业的内部控制应以灵活为主，不需要制定管理制度。（　　）

8. 企业应根据全面预算管理确定的指标体系制定公司的年度经营计划。（　　）

9. 企业内部控制是由一系列制度、流程等组成的文件体系。（　　）

10. 在企业的权责配置中，一般授权（或常规授权）主要是针对常规业务进行的授权。（　　）

11. 内部控制是由企业董事会和经理层实施的、旨在实现控制目标的过程。（　　）

12. 董事会下设的专业委员会，如审计委员会等，是重要的公司治理结构安排。（　　）

13. 企业内部控制应由会计机构和会计人员发挥主导作用，因此，内部控制也可以称为内部会计控制。（　　）

14. 在企业内部控制评价过程中，内部控制缺陷（包括一般缺陷、重要缺陷和重大缺陷）应由董事会最终予以认定。（　　）

15. 公司治理主要解决企业权力分配与制衡、重大利益协调与均衡等问题。（　　）

16. 控制环境的好坏直接决定着企业控制活动能否实施及其实施的效果，它既可增强也可削弱特定控制的有效性。（ ）

17. 内部控制的主要目标是要保证企业财务报告的真实可靠，提高会计信息质量。（ ）

18. 在实施内部控制建设的过程中，企业不得擅自确定重大决策、重大事项、重要人事任免及大额资金支付业务的具体认定标准。（ ）

19. 公司建立和实施内部控制的内在要求之一是不相容职务相分离，以便形成相互制衡、相互监督的机制，这一要求实际上是与提高经营管理的效率效果相矛盾的。（ ）

20. 大股东侵占小股东利益、经理层侵占股东利益等问题，都是公司治理需要解决的问题。（ ）

四、简答题（每题 5 分，共 3 题，共 15 分）

1. 采购与付款业务的不相容岗位主要有哪些？

2. 因其固有局限性，内部控制对目标的实现只能提供合理保证，导致内部控制固有局限性的原因有哪些？

3. 什么是风险容忍度？在内部控制建设中有什么作用？

五、连线题（每题 10 分，共 2 题，共 20 分）

1. 内部控制缺陷按其影响程度分为重大缺陷、重要缺陷和一般缺陷。请画线连接哪些属于重要缺陷，哪些属于重大缺陷？

缺陷类别	待认定事项
A. 重要缺陷	（1）发生重大安全生产事故
B. 重大缺陷	（2）企业各类管理报告中存在重要错报的
	（3）管理报告中存在重大错报
	（4）未能及时发现或有效应对重大风险，造成严重后果
	（5）管理决策程序不完善
	（6）关键岗位的管理人员或技术人员流失严重
	（7）企业成本管理报告中存在重要错报
	（8）所属各单位内部控制自评价报告与实际不符或故意隐瞒信息
	（9）在媒体出现负面新闻
	（10）制度缺失或设计不合理，对部分经营活动产生重要影响

2. 在内部控制建设过程中，通过书面文件定义风险管理职责和授权，明确风险归属责任十分重要，请画线连接风险管理责任和相应的风险归属责任主体。

责任主体	风险管理责任
A. 董事会	（1）审议内部审计计划，以确保其包括了企业所有的重大和高风险活动
B. 监事会	（2）对企业经营、筹资和投资活动中的重大风险负责
	（3）监督复核与财务报告相关的风险和重要判断
	（4）对子公司风险管理的有效性进行督导
	（5）对董事、经理和其他高级管理人员履行职责的合法合规性进行监督
C. 管理层	（6）持续监督和评价内部控制的有效性
	（7）对风险管理总体负责，有责任设计、实施并维护有效的风险管理机制
D. 审计委员会	（8）对董事、经理和其他高级管理人员的业务胜任能力和道德操守进行监督
	（9）各级管理人员对职责范围内的相关风险负责，并确保相关控制活动有效
E. 内部审计	（10）监督复核企业反舞弊机制的建立和实施情况

六、案例分析题（每题 15 分，共 1 题，共 15 分）

资料：某集团公司按照我国《企业内部控制基本规范》及其配套指引的要求，建立并实施内部控制体系。该公司为此召开了董事会全体会议，就内部控制相关问题进行专题讨论。现摘录部分董事的发言如下：

董秘（向往）：大家早上好，今天召集大家开个专题董事会，主要是想讨论一下本集团的内部控制建设问题。下面，有请董事长讲话。

董事长（高大尚）：大家知道，2010 年 4 月，财政部等五部委联合发布了《企业内部控制配套指引》，连同 2008 年 5 月发布的《企业内部控制基本规范》，构建了我国企业内部控制规范体系。这个规范体系从 2011 年 1 月 1 日起在境内外同时上市的公司施行。

董事长（高大尚）：尽管我们不是首批执行的企业，但我们也不能落后。我觉得我们应该抢抓机遇，早作准备，尽快启动咱们集团的内部控制建设工作。今天，咱们先开个务虚会，讨论一下关于我们集团的内部控制建设问题，想听听大家有什么建议。

执行董事兼总经理（陈林）：好的，我先来讲讲我的想法吧。按照集团公司管理制度化、制度流程化、流程信息化的要求。我认为我们集团首先应该升级信息系统，优化控制手段。促进业务流程与信息系统的有机结合，尽量实现业务和事项的自动控制。

执行董事兼总经理（陈林）：我们应该请我们的ERP系统提供商，根据《企业内部控制基本规范》和《企业内部控制配套指引》，结合咱们集团公司的内部控制手册，制定集团公司的信息系统升级和改造规划，由集团总部的信息管理中心进行可行性论证并审批后，抓紧时间实施。

执行董事兼副总经理（白雪）：陈总说得很有道理，内部控制是一项全面的风险管理工作，涉及全员、全过程、全业务。实施内部控制建设一项系统工程，我们应该成立一个内部控制建设领导小组，来领导这项工作。

董事长（高大尚）：很好，请你再说具体一些。

执行董事兼副总经理（白雪）：为了提升内控工作的权威性，我们的领导小组，应该由董事长您［董事长（高大尚）——字幕出现］亲自挂帅担任组长，陈林总经理（总经理——字幕出现）担任副组长。

执行董事兼副总经理（白雪）：总会计师李媛［财务总监（李媛）——字幕出现］和各位副总经理担任成员。同时，在领导小组下设办公室，办公室设在内部审计部或财务部，相关部门参与其中。由审计部经理或财务部经理兼任办公室主任。办公室主要负责组织协调内部控制的建立、实施及其他日常工作。

执行董事兼副总经理（徐超）：对于“白总”的想法，我总体上还是比较赞同的，我们应该加强对内部控制建设的领导和组织，但在具体做法上，我觉得与其新建一个内控工作领导小组，还不如强化我们集团的审计工作，提升它的监督效能。我们可以在董事会下设审计委员会，负责审查内部控制设计，监督内部控制的执行等工作，并由原来的审计部经理兼任审计委员会主席。而原审计部将调整职责定位，在开展传统财务审计、经济责任审计的同时，对内部控制设计和实施进行监督、检查和评价（说出重点的感觉，顿一顿～）。

独立董事（史明）：嗯嗯，我跟“徐总”想到一块去了，我们必须加强集团的审计监督。我们集团还可以借助专业力量，引入内部控制的外部审计。我记得，XY会计师事务在为咱们集团提供管理咨询的工作中，表现非常突出，我们可以聘请XY会计师事务同时承担本集团内部控制的审计工作，这样不但可以整合审计，还方便大家进行沟通协调。

执行董事兼总会计师（李媛）：正如“徐总”和“史明董事”所说，搞内部控制建设，做好监督工作至关重要。内部控制监督工作的重点是识别、认定并纠正内部控制缺陷。特别是要关注重大缺陷。重大缺陷，是指已经发现的可能严重影响财务报告真实性和可靠性的内部控制设计或执行缺陷。我建议加强集团公司的责任追究机制，对产生内部控制重大缺陷的单位或责任人，应根据其性质或影响程度在业绩考核中给予扣分或降级处理。

独立董事（王刚）：刚才大家的发言非常好，我个人深有同感。我们应该加强集团公司的内部控制监督和评价工作。长期以来，我们集团对子公司的控制都比较薄弱。因此，我建议加强对子公司的控制。

独立董事（王刚）：我们应该在2014年年底前开展全集团范围内的内部控制评价工作，全面检查内部控制制度的执行情况，特别是下属子公司，对于各子公司的重大事项决策、重要项目安排、重要人事任免及大额资金支付等，都应该由集团公司董事会统一决策。以切实提高我们集团总部对子公司的管控能力。

独立董事（黄莉）：刚才各位对内部控制的监督和评价工作做了很好的发言，我都认同。监督和评价是保障和提升内部控制有效性的关键。但我认为内部环境，特别是企业文化，对内部控制有效性的影响也非常大。一流的企业管理必须重视企业文化建设，要实现我们集团的发展战略和可持续繁荣，必须以优秀的企业文化为基础。我们应在生产经营实践中培育企业文化，形成整个集团上下所认同并遵守的核心价值观、经营理念、企业精神和行为守则。董事、监事和高管团队应在企业文化建设中发挥主导作用，有责任培育健康向上的核心价值观，培养社会责任感和遵纪守法意识，强化风险管控意识，倡导爱岗敬业、进取创新和团队协作精神。

董事长（高大尚）：很好，今天开的是务虚会，大家什么意见都可以说，还有没有别的不同意见？

独立董事（王刚）：好的，我再补充一点。我们知道内部控制是由企业董事会、经理层实施的一系列流程和制度安排，其目标包括合理保证企业的经营管理合法合规、资产安全、财务报告及相关信息真实完整，提高经营效率和效果，促进企业实现发展战略。因此，我们集团要做好内部控制建设工作，首先要明确目标，并在各业务领域、各业务流程和各业务环节细化内部控制目标。

董秘（向往）：我来补充一点。我们要抓好内部控制宣传培训工作，统一集团上下的思想认识。我们可以举办培训班、开设网络课堂、编发专题资料等多种形式开展宣传培训。力争在3个月内将所有员工轮训一遍，保证他们全面掌握《企业内部控制基本规范》《企业内部控制配套指引》，以及咱们集团的内部控制手册。但研究生以上学历的员工，可以免于培训，以节约有限的培训资源。

董事长（高大尚）：谢谢各位董事的发言和意见，今天的董事会开得还是很有成效，会后请总经理陈林同志和总会计师李媛同志结合会议精神，拟定集团的内部控制实施方案，供下次董事会讨论。

要求：请从企业内部控制的理论和原则角度，指出上述各位在会议发言中的观点有无不当之处？并简要说明理由。

模拟试卷（三）

一、单项选择题（每题1分，共10题，共10分）

1. 购买商业保险作为一种风险应对策略，它属于（　　）。

A. 风险降低　　B. 风险承受

C. 风险规避　　D. 风险分担

2. 企业对于重大决策、重大事项、重要人事任免及大额资金使用等事项的审批，应实行的审批制度是（　　）。

A. 管理层审批　　B. 经理审批

C. 领导班子集体审批　　D. 上级审批

3. 根据内部控制的基本原则，内部稽核人员通常不适宜负责（　　）项工作。

A. 设计风险管理机制　　B. 检查财务及营运信息

C. 复核法令遵循情形　　D. 复核经济性、效率及效益

4. 董事会开会决议形成的事项，从权威性上看，其效力（　　）。

A. 强于公司章程　　B. 与公司章程的效力相当

C. 弱于公司章程　　D. 可抵触公司章程

5. 下列作业中，如果由财务部门负责，将不符合内部控制原则的是（　　）。

A. 计算机软件维护　　B. 管理库存现金

C. 保管空白票据　　D. 建立授信政策

6. 企业内部控制组成要素中，为确保制度能持续有效运行而评估执行内部控制质量的过程称为（　　）。

A. 控制活动　　B. 风险评估

C. 内部监督　　D. 书面沟通

7. 下列做法中，对强化内部控制没有多少作用的是（　　）。

A. 设置内部审计部门　　B. 聘用良好品德的员工

C. 存货采用实地盘存制管理　　D. 遵循会计准则

8. 内部审计人员发现董事有重大违规事项，导致公司利益受损，应立即报告（　　）。

A. 总经理　　B. 监事会

C. 董事　　D. 董事长

9. 下列说法中，错误的说法是（　　）。

A. 内部控制是一个过程，其有效性系指这一过程在特定时点或特定时段的状态或情况

B. 内部控制能绝对确保企业目标的实现

C. 内部控制的重大缺失需立即改正

D. 内部控制的设计需随着不断变动的环境而改变

10. 下列各项中，能够影响企业内部控制有效性的是（　　）。

A. 企业文化　　B. 管理层的行为及言谈

C. 员工素质和品行　　D. 以上皆是

二、多项选择题（每题 2 分，共 10 题，共 20 分）

1. 下列各项中，隶属关系合乎内部控制原则的有（　　）。

A. 内部审计部门经理归董事会中的审计委员会指挥

B. 财务主管由分管生产和销售的副总裁领导

C. 员工薪酬核算人员由主管会计领导

D. 信息技术中心的部门经理由总经理指挥

2. 对于监督检查中发现的重大缺陷或重大风险，应及时向（　　）汇报。

A. 董事会　　B. 审计委员会

C. 总经理　　D. 风险管理部门

3. 内部监督是保障内部控制有效性的重要安排，监督检查的方式包括（　　）。

A. 全面性监督检查　　B. 持续性监督检查

C. 动态性监督检查　　D. 专项监督检查

4. 下列控制活动中，属于绩效评价方面的有（　　）。

A. 由内部审计部门定期对内部控制的设计和执行效果进行评价

B. 定期与客户对账并对发现的差异进行调查

C. 对照预算、预测和前期实际结果，对公司的业绩进行复核和评价

D. 综合分析财务数据和经营数据之间的内在关系

5. 下列各项控制活动中，有助于实现销售业务控制目标的有（　　）。

A. 对销售订单、销售发票进行连续编号，并定期核对编号顺序

B. 将销售发票与出库单证相核对

C. 定期独立检查应收账款的明细账与总账的一致性

D. 定期向顾客寄送对账单

6. 下列各项控制活动中，有助于实现采购业务控制目标的有（　　）。

A. 由不负责输入采购订单的人员比较采购订单数据与支持性文件

B. 对采购订单进行连续编号，并定期核对编号顺序

C. 定期与供应商对账

D. 定期编制银行存款余额调节表

7. 从风险管控的角度分析，下列措施中属于风险规避的应对措施有（　　）。

A. 拒绝与不守信用的厂商业务往来

B. 放弃可能明显导致亏损的投资项目

C. 多品种投资以分散风险

D. 新产品在试制阶段发现诸多问题而果断停止试制

8. 企业在对外担保业务中，可能面临的风险有（　　）。

A. 对担保申请人的资信状况调查不深入，可能导致企业遭受欺诈

B. 对被担保人出现财务困难的状况监控不力，没有及时采取应对措施

C. 没有聘请专业的中介机构对担保申请人的资信状况进行调查

D. 担保过程中存在舞弊行为，可能导致经办、审批等相关人员涉案

9. 2019 年 7 月 20 日，某公司公布的半年度财务报告违背企业会计准则的规定，严重误导了投资者，给投资者造成重大投资损失。根据《会计法》的规定，对该违法行为应承担法律后果的责任人有（　　）。

A. 董事长　　B. 总经理

C. 总会计师　　D. 会计机构负责人

10. 企业的下列各项活动中，属于内部控制活动的有（　　）。

A. 办公楼设立门禁系统

B. 人力资源部门安排员工年度绩效考核评价

C. 员工如请事假，需向部门经理申请及获得批准

D. 复核行政部门向贵州捐款建设希望小学是否符合预算

三、判断题（每题 1 分，共 20 题，共 20 分。正确的标识√，错误的标识 ×）

1. 对于已经在全公司范围内建立起覆盖全过程、各层级内部控制体系的企业，应将工作重心放在内部控制的持续改进上。（　　）

2. 企业在聘请中介机构协助开展内部控制体系建设与实施工作中，应采取有效的方式保护企业核心商业秘密和国家机密，防范泄密风险。（　　）

3. 内部控制评价是企业董事会的责任，企业不得将此项工作委托给中介机构来实施。（　　）

4. 在企业内部控制建设过程，董事会负责内部控制的建立健全和有效实施，监事会对董事会建立与实施内部控制进行监督，经理层负责组织领导企业内部控制的日常运行，全体员工广泛参与内部控制的具体实施。（　　）

5. 管理层对经营风险的态度和行事作风是内部控制的重要内涵之一，应归属于内部控制五要素中的风险评估要素。（　　）

6. 各企业的风险分析方法可能不完全相同，然而大部分的风险可量化，将可量

化的风险予以分析即可，不可量化的风险不必纳入风险评估。（ ）

7. 企业在评估风险事项时，应主要关注可能会带来负面后果的风险事项。（ ）

8. 在内部机构设计过程中，应体现不相容岗位相分离原则，努力识别出不相容职务，并根据相关的风险评估结果设立内部牵制机制。（ ）

9. 企业进行风险评估并实施控制活动的目标是为了消除风险。（ ）

10. 对一般企业而言，利率风险属于非系统性风险。（ ）

11. 企业应根据市场情况和采购计划合理选择采购方式。大宗采购应采用招标方式；一般物资或劳务等的采购可以采用询价或定向采购的方式并签订合同；小额零星物资或劳务等的采购可以采用直接购买等方式。（ ）

12. 计算机与网络技术的采用会造成组织层级增加，并降低控制幅度。（ ）

13. 在实施内部控制的过程中，为了营运有效果以及有效率地利用资源，关键在于利润最大化目标的衡量及实现。（ ）

14. 内部控制是一种全员控制，实施控制活动的主体包括董事会、管理层、大股东和一般员工等。（ ）

15. 公司董事会对内部控制的建立健全和有效实施负责。（ ）

16. 某公司为加快货款回收，决定允许公司销售部门及其销售人员直接收取货款。这种做法提高了货款回收的效率，值得推广。（ ）

17. 面对日益激烈的市场竞争，企业应将核心业务外包，以提高经营的效率和效果。（ ）

18. 某公司非常重视风险管理，早在几年前就成立了专门的风险管理部。在财政部等五部委联合发布《企业内部控制基本规范》和《企业内部控制配套指引》后，该公司认为推动内部控制建设十分重要，于是成立了专门的内部控制部，专职负责公司内部控制的建设和推广。该公司的这种做法值得推广。（ ）

19. 内部控制缺陷是指风险评估过程中发现的内部控制设计存在漏洞、不能有效防范错误与舞弊，或内部控制运行存在弱点和偏差、不能及时发现并纠正错误与舞弊的情形。（ ）

20. 内部控制有效性是指内部控制应符合法律、行政法规的规定和有关政府监管部门的监管要求。（ ）

四、简答题（每题 5 分，共 3 题，共 15 分）

1. 在内部控制建设过程中，如何理解和践行重要性原则？

2. 什么是固有风险？什么是剩余风险？

3. 在业务活动层面，企业实施控制活动的基本思路是怎样的？

五、业务分析题（每题 10 分，共 2 题，共 20 分）

1. 资料：A 公司关于对外投资业务的设计和运行情况如下：

财务部负责投资预算的编制与审批，投资部负责对外投资的可行性论证及风险评估，总经理负责所有投资处置的批准；投资部高级业务员张三为对外投资业务的全权谈判代表，谈判结束时可直接签署并实施合同。

2013年发生如下业务：张三在某科研院工作的朋友极力怂恿下，游说总经理，建议进入据说利润率极高的某电子行业。总经理认为可行，派张三与科研院谈判，并当即签订合作投资协议，A公司以货币资金9000万元出资，科研院以高新技术出资，分别占51%和49%的股权比例。投资半年后发现该行业竞争十分激烈，投资风险极大。于是总经理当机立断，决定将全部股份转让给另一个公司，该项投资净亏损5000万元。

要求：分析说明A公司投资业务的内部控制在设计和运行方面是否存在缺陷，并给出完善意见。

2. 资料：C公司系上海证券交易所上市的一家股份有限公司，为开拓市场、提高效率、增加利润、提升品牌形象，企业召开董事会会议提出以下改革措施：

（1）公司的发展离不开强大的人力资源，公司决定面向社会大量招聘具有管理专长和技术专长的员工。以提高企业整体的管理水平和技术水平。公司同时辞退不符合要求的员工。

（2）公司为促进并购重组的顺利开展，对被并购方的员工加强文化建设，尽快使被并购方的员工对其原有的文化进行抛弃，进而接受公司的新文化，使其有归属感。

（3）某产品（健身器材）市场供不应求，为扩大销量，公司决定在不影响产品基本功能的情况下，适当降低检验标准。

要求：识别C公司董事会决议中各项改革措施所面临的主要风险；同时，针对识别出的主要风险，逐项设计相应的控制措施。

六、案例分析题（共2题，第1题8分，第2题7分，共15分）

1. 资料：注册会计师对ABC股份有限公司销售业务的相关内部控制进行了审计，发现：

（1）接受客户订单后，由销售部甲职员根据订单编制销售单，交给审批赊销的同部门乙职员，乙职员在职权范围内进行审批，如果超过职权范围内的赊销业务，全部交给销售部经理进行审批。

（2）丙职员在核对商品装运凭证和经批准的销售单后，开具销售发票。程序为：根据已授权批准的商品价目表填写销售发票的金额，根据商品装运凭证上的数量填写销售发票的数量；销售发票的其中一联交财务部丁职员据以登记与销售业务相关的总账和明细账。

（3）开具账单部门在收到发运单并与销售单核对无误后，编制预先连续编号的销售发票，并将其连同发运单和销售单及时送交会计部门。会计部门在核对无误后确认销售收入并登记应收账款账簿。会计部门定期向顾客催收款项并寄送对账单，对顾客提出的异议进行专门追查。

（4）应收账款账龄分析由专门的“应收账款账龄分析计算机系统”完成，该系统由独立的信息部门负责维护管理。会计部门相关人员负责在系统中及时录入所有与应收账款交易相关的基础数据。为了便于及时更正录入数据可能存在的差错，信息部门拥有修改基础数据的权限。

要求：分析并指出以上内部控制中存在哪些薄弱环节，并说明理由。

2. 资料：B公司属于国有控股的有限责任公司，2018年4月聘请某会计师事务所对公司内部控制的健全和有效性进行审计，发现：

（1）2018年1月，B公司在总经理范总的推动下进入大豆期货市场，公司高层管理人员对期货交易并不十分了解，仅仅是根据当前市场的行情进行大额投资。公司董事会虽然知道公司进行期货投资，但总经理并没有向董事会报告，董事会也没有及时制止。

（2）2017年6月，B公司董事长刘某经朋友介绍认识了自称是甲投资公司（以下简称甲公司）总经理的彭某，双方约定，由B公司向甲公司投入1000万元，期限1年，无论资金的回报如何，甲公司均按固定收益率20%支付给B公司收益。考虑到这项投资能给B公司带来巨额回报，且收益固定，为避免错失良机，刘某指令财会部先将1000万元资金汇往甲公司，之后再向董事会补办报批手续、补签投资协议。财会部汇出资金后向对方核实是否收到汇款时，却始终找不到彭某。后经查实，甲公司纯系子虚乌有。

要求：分析并指出以上内部控制中存在哪些薄弱环节，并说明理由。

模拟试卷（四）

一、单项选择题（每题1分，共10题，共10分）

1. 在计算机会计信息系统中工作人员的权限分配和口令密码设置的作用是（　　）。

A. 保证计算机正常运行　　B. 保证财务软件的安全运行

C. 保证会计信息的正确　　D. 保证会计数据的安全

2. 租车公司于车辆出租后曾利用卫星定位尾随租车人伺机将车偷回，或制造车祸，或毁损车辆，再索取高额赔款。经查获后总经理仍继续推出“勇敢放车、猛拉业绩，玩死客人、强灌车损”四大经营理念，继续指使其一部分员工坑人。此时，公司董事会应（　　）。

A. 改善员工的操守及价值观　　B. 改善高层经营者的管理哲学及经营风格

C. 立即解雇相关违法人员　　D. 以上皆非

3. 评估企业的治理结构与内部环境时，应关注的事项是（　　）。

A. 董事会与经理人间的独立性，监事会与董事会及经理人间的独立性

B. 董事与监事的知识及经验

C. 董事及监事获悉的信息能否用于监督企业的营运

D. 以上皆是

4. 监事会在内部控制中扮演重要的角色，其主要职责为（　　）。

A. 进行持续性内部监督　　B. 保持高层监督

C. 实施风险评估程序　　D. 采取风险应对措施

5. 某企业有散布在不同地理区域的工厂，其厂房设备有火灾风险，经辨认及评估其火灾风险后，认为若以投保方式分担风险，投保的增支成本，在扣除税收的可减除金额后，支出的净额，仍超过重置资产可能花费的成本，因此，应采取（　　）策略。

A. 风险规避　　B. 风险转移

C. 风险承受　　D. 风险分担

6. 信息与沟通可分为正式与非正式，下列为非正式的信息与沟通方式是（　　）。

A. 经常与客户进行的感情联络　　B. 计算机控制销售定价系统

C. 召开新闻发布会　　D. 客户信用管制系统

7. 企业欲采用标杆法来评估风险，通常最常用的是将其绩效与（　　）相比较。

A. 同行中的先进者　　B. 企业过去的经营绩效

C. 企业所设定的预期绩效　　D. 同行的平均绩效

8. 下列有关风险评估的叙述中，错误的是（　　）。

A. 对企业影响不重大，且发生可能性偏低的风险，通常不须认真考虑

B. 对企业影响重大，且发生可能性高的风险，应重点考虑如何应对

C. 不论是内部风险，还是外部风险，企业都应及时识别、分析，并采取应对措施

D. 对于能够量化的风险应予控制，无法量化的风险，受限于管理技术，可不予理会

9. 如果内部审计部门被赋予监督内部控制有效性的职责，内部审计部门直属于（　　）较为理想。

A. 总经理　　B. 董事会

C. 公司股东　　D. 财务长

10. 内部控制因受到先天限制而无法绝对保证达成其目标，这些先天限制不包括（　　）。

A. 内部控制考虑其成本与效益　　B. 员工舞弊

C. 人为疏忽或判断错误　　D. 职能分工不当

二、多项选择题（每题2分，共10题，共20分）

1. 从风险管控的角度分析，下列措施中属于风险分担的应对措施有（　　）。

A. 业务分包　　B. 购买保险

C. 合作经营　　D. 提取资产减值准备

2. 甲公司管理层为了改进完善内部控制，正在重新检查本公司现有的职责、岗位设置的合理性。下列各项中，属于兼任不相容岗位的情况有（　　）。

A. 财务部主任同时担任采购部的审批主管

B. 记录存货明细账的会计人员同时负责存货的实物管理

C. 行政部经理兼任工会主席

D. 销售部经理同时负责客户信用的调查评估与销售合同的审批签订

3. 下列项目中，属于企业应承担的社会责任有（　　）。

A. 进行安全生产　　B. 提高产品质量（含服务）

C. 环境保护、资源节约　　D. 促进就业、员工权益保护

4. 下列活动中，属于内部控制评价的有（　　）。

A. 识别和认定内部控制缺陷　　B. 沟通和报告内部控制缺陷

C. 抽取样本进行穿行测试　　D. 现场观察员工对操作流程的遵守情况

5. 甲公司是国内一家进出口贸易公司。甲公司与国外的交易一直采用赊销、赊购的方式，以美元结算。目前，甲公司预计美元汇率在此后半年内都呈下跌趋势。下列各项措施中，可以帮助甲公司降低汇率风险的有（　　）。

A. 平衡美元应收账款与美元应付账款的余额，保持较低金额的外币净资产

B. 在此后半年内缩短美元应收账款的信用期，同时延长美元应付账款的信用期

C. 对美元应收账款、美元应付账款安排相应的远期汇率合同

D. 在出口合同中约定以美元结算，在进口合同中约定以人民币结算

6. 授权批准控制中需要遵守的原则包括（　　）。

A. 有关事项的办理必须经过授权批准

B. 授权批准后的事项必须执行

C. 授权批准必须要有明确的责任

D. 常规授权和对常规授权的行使过程，要有书面的文件和记录

7. 乙注册会计师了解甲公司采购业务流程后发现以下与付款相关的内部控制，其中可能表明采购业务内部控制没有缺陷的是（　　）。

A. 甲公司建立了退货管理制度，对退货条件、退货手续、货物出库、退货货款回收等作出明确规定

B. 甲公司定期与供应商核对应付账款、应付票据、预付账款等往来款项

C. 甲公司对已到期的应付款项由会计主管负责办理付款的审批与支付

D. 甲公司财务部门在办理付款业务时，对供应商发票、结算凭证、验收单、订购单等相关凭证进行核对

8. 以下对销售环节的控制活动的陈述中，恰当的有（　　）。

A. 根据同时附有发运凭证、销售单的销售发票记录销售业务

B. 独立检查已处理销售发票上的销售金额同会计记录金额的一致性

C. 对记录过程中所涉及的有关记录的接触予以限制

D. 定期向客户寄送对账单，并要求客户将任何例外情况直接向指定的未执行或记录销售交易的会计主管报告

9. 无形资产的内部控制相对于固定资产而言，其特殊风险有（　　）。

A. 研发风险　　B. 产权风险

C. 不具先进性　　D. 处置不当

10. 以下各项中，表明在资产保护方面可能存在控制弱点的是（　　）。

A. 某服务部门的地理位置不是非常适合于为其他组织提供足够的服务

B. 聘用敏感职位的人员时没有审查其背景

C. 经理们没有获得有关其他同类组织总体经营情况报告的机会

D. 管理部门没有采取正确的行动，去解决过去审计中发现的与存货控制有关的问题

三、判断题（每题 1 分，共 20 题，共 20 分。正确的标识√，错误的标识 ×）

1. 内部控制主要是对影响企业目标实现的各种风险进行管理和控制。（ ）

2. 企业内部信息沟通不畅，部门之间推诿扯皮，经济活动运行效率低下，说明公司治理方面出现了重大问题。（ ）

3. 企业所确定的年度经营目标应符合企业的发展战略，但可以与企业的风险承受能力不一致。（ ）

4. 董事会决议违反法律、法规和公司章程的规定，致使公司遭受损失的，参与决议的董事对公司承担赔偿责任。但经证明在表决时曾表明异议并记载于会议记录的董事除外。（ ）

5. 重要缺陷是指一个或多个内部控制缺陷的组合，其重要程度和经济后果低于重大缺陷，但仍有可能导致公司偏离控制目标。其中，高级管理层成员发生舞弊属于重要缺陷。（ ）

6. 在预算考核环节，企业应建立严格的预算执行考核制度，考核只涉及对个人预算责任进行考核，并且要做到有奖有惩、奖惩分明。（ ）

7. 公司发展战略为内部控制设定了最高目标。（ ）

8. 存在缺陷的内部控制应被认定为无效的内部控制。（ ）

9. 缺乏诚实守信的经营理念，一定会导致舞弊事件的发生，造成企业损失，影响企业信誉。（ ）

10. 内部控制缺陷是指公司内部控制的设计或运行无法合理保证内部控制目标的实现。按其成因分为设计缺陷和运行缺陷；按其影响程度分为重大缺陷、重要缺陷和一般缺陷。（ ）

11. 上市公司的监事可以由董事、经理和其他高级管理人员兼任。（ ）

12. 内部控制的目标是有限保证企业经营管理合法合规、资产安全、财务报告及相关信息真实完整，提高经营效益合效果，促进企业实现发展战略。（ ）

13. 缺乏积极向上的企业文化，可能导致员工丧失对企业的信心和认同感，企业缺乏凝聚力和竞争力，这是企业文化风险的一种表现。（ ）

14. 无论是销售业务、购货业务、成本费用业务，还是货币资金业务，对于审批人超越授权范围审批的业务，经办人均有权拒绝办理，并应及时向审批人的上级授权部门报告。（ ）

15. 内部控制的基本理念、原则和方法等仅适用于企业等营利组织，不适用于非营利组织。（ ）

16. 企业风险管理的目的是寻求一个均衡点，在最经济有效的前提条件下，将风险控制在可接受的水平内。（ ）

17. 企业中的每个人对风险管理或多或少都担负某种责任，但负有最终责任的一定是总经理。（ ）

18. 企业管理层在评估风险事项时，除考虑会带来负面后果的风险事项外，还需考虑会带来正面后果的机会。 （ ）

19. 各企业的风险分析方法可能不完全相同，且许多风险难以量化，但仍应纳入风险分析过程。 （ ）

20. 内部控制审计人员执行分析性复核程序后，发现毛利率由去年的30%增加至今年的45%，此时，审计人员应考虑是否发生舞弊或财务报表错报的可能性。 （ ）

四、简答题（每题5分，共3题，共15分）

1. 什么是内部控制设计缺陷？什么是内部控制执行缺陷？

2. 什么是不相容职务相分离控制？以采购业务为例，常见的不相容职务有哪些？

3. 什么是内部控制的执行有效性？如何评价内部控制的执行有效性？

五、业务分析题（每题10分，共2题，共20分）

1. 甲公司为上市公司，设有内部审计部门。根据甲公司的机构设置，内部审计部门负责人由公司首席执行官任命，并负责向管理层直接定期报告。另外，随着甲公司管理层对内部控制重视程度的加深，以及公司业务增长的需要，甲公司内部审计部门计划招聘更多的内部审计人员。

要求：

（1）判断甲公司上述有关内部审计部门的设置是否恰当，并简要说明理由。

（2）假设你是甲公司内部审计部门负责人，你在招聘内部审计人员时将从哪些方面考察候选人是否具备所需的要求。

2. 甲公司是一家台资企业，是多个消费电子产品巨头的供应商，主要生产中小尺寸液晶显示屏，是世界上最大的手机触摸屏生产商。拥有多项核心专利技术，为了保证这些核心专利技术不外流，该公司在办公大楼内安装了监视系统，并为相关办公室安装了门禁系统，只有少数几个人才有相应权利进入。该公司生产过程中需要采用一种名为“×××”的原材料，该种原材料价格昂贵，企业将该材料的保管和清点分别交由两个不同部门的员工负责，并为该材料领用单编制了连续号码。根据以上信息请说明该公司都采取了哪些内部控制活动？

六、案例分析题（共2题，第1题9分，第2题6分，共15分）

1. 资料：某工厂生产的产品销量一直都稳步上升，价格也比较稳定，但利润却一直下降。经分析，原来产品的成本一直得不到有效控制，单位产品的材料消耗量一直高于同行业，材料采购成本在同行业中不具有竞争性。人工成本也一直上升，生产效率没有提高，单位产品的人工工时在同行业中，居高不下。办公费用远远高于业务量的增长速度，特别是差旅费、会议费等开支庞大。新任厂长决定在成本费用的控制上狠下功夫。据考察，该厂的成本费用控制情况如下：所有材料的核算都实行实地盘存制，产品在生产过程中，实际消耗了多少材料，就领用多少材料，缺少对材料的非正常消耗的控制措施，工人生产时，不用考虑造成材料浪费的责任。材料采购由采购部门全权负责，采购价格、采购量、供货商都是由采购部门决定。各职能部门的各种办公费，包括会议费和差旅费都是实报实销。不管是部门职员还是部门经理自己，其发生的差旅费、会议费等由部门经理签字批准就可以到财务部门报销。每年费用的预算权，厂部下放到各职能部门和业务部门，他们决定预算后，经财务部门汇总形成全厂的总预算。

要求：针对该厂内部控制的现状，请识别内部控制缺陷，并为新任厂长加强成本费用的控制提出建议。

2. 资料：某国有企业在接受会计师事务所审计，并对其内部控制进行测试时被发现有如下情况：

（1）由于规模不是很大，企业没有建立严格的内部控制制度，而是采用灵活多样的方式经办各项事务；

（2）发生的所有管理费用都由总经理签字同意后予以报销；

（3）当年只有一项工程项目，领导十分重视，由总经理直接经办项目实施与价款支付、竣工决算与竣工审计等重要事项；

（4）年末发现本年度没有进行过银行对账、财产清查等检查；

（5）由销售人员直接从仓库提货并对外销售、收取货款，不管金额大小，一般都是收取现金；

（6）销售费用采取实报实销制度，销售部向财务部提供原始凭证后，经财务经理复核后予以报销。

要求：分析说明该企业存在哪些内部控制方面的缺陷，应如何改进。

第三部分

各章案例参考答案

第一章　内部控制与风险管理概述

案例测试参考答案

1. 控制目标方面

（1）内部控制目标定位于保证经营管理合法合规、资产安全的观点不恰当。内部控制目标不仅包括合理保证经营合法合规、资产安全，还包括财务报告及相关信息真实完整、提高经营效率和效果、促进实现发展战略。

（2）确保公司经营管理过程不存在任何风险的观点不恰当。内部控制的任务是将风险控制在可承受度范围内。内部控制不能完全消除企业面临的全部风险。

2. 内部环境方面

（1）各类业务事项均应提交董事会或股东大会审核批准的观点不恰当。各类业务事项应按规定的权限和程序进行审核批准。

（2）受公司规模、业务特点等因素影响，无法对不相容岗位或职务实行有效分离的，可不予分离。

3. 控制活动方面

（1）将各类业务事项均纳入预算控制范围的观点不恰当。预算控制措施一般不适用于不能量化的业务事项。

（2）所有对外发生的经济行为均须签订书面合同的观点不恰当。不符合成本效益原则的要求。对于零星、即时清结等交易行为，可不签订书面合同。

4. 信息与沟通方面

举报投诉制度和举报人保护制度仅传达至全体中层以上员工的观点不恰当。举报投诉制度和举报人保护制度应传达至公司全体员工。

5. 内部监督方面

审计委员会和内部审计机构全权负责内部控制监督检查的观点不恰当。董事会负责内部控制的建立和有效实施；除审计委员会和内部审计机构之外，监事会、董事会、经理层及公司其他内部机构在内部监督中也应承担相应的职责。

第二章　内部环境

案例测试参考答案

1. 组织架构建设存在问题，治理结构形同虚。理由：董事长张某任命其妹夫随某为总经理，董事长做出决定决策层一片拥护，对明显不当的决定没有否决；任命其亲信为总经理，违背公司治理要求。

2. 发展战略方面存在缺陷，缺乏明确、科学的发展战略和长远规划。理由：公司目标是追求利润最大化，这是非常落后和过时的观念，直接影响企业的可持续发展。公司应制定科学的战略目标和长远规划，作为指导企业生产经营活动的准绳，包括：盈利能力、生产效率、市场竞争、技术领先、生产规模、组织结构、人力资源、用户服务、社会责任等。

3. 人力资源方面存在问题，董事长张某任命其妹夫随某为总经理。理由：引进高层管理人员应遵循德才兼备、以德为先和公开、公平、公正的原则，选聘优秀人才，重点关注选聘对象的价值取向、责任意识和道德操守。总经理随某在饲料中添加苏丹红，说明其价值取向、责任意识和道德操守存在严重问题。

4. 社会责任存在缺陷，产品质量低劣，坑害广大消费者。理由：产品质量是企业长久发展的生命线，企业应努力为社会提供优质、安全、健康的产品和服务，对社会和公众负责；企业应建立严格的质量控制和检验制度；企业应加强产品售后服务，售后发现存在严重质量缺陷、隐患的产品，应及时召回或采取其他有效措施，降低或消除缺陷产品的社会危害。

5. 企业文化方面存在问题，缺乏诚实守信的经营理念，缺乏正确的价值取向，是导致公司经营失败的重要原因。理由：企业决策层特别是董事长和总经理道德缺失，这是内部环境的最大缺陷，也是导致问题的根本原因。企业应培育体现特色的发展愿景、积极向上的价值观、诚实守信的经营理念、开拓创新的企业精神，以及团队协作和风险防范意识。董事、监事、经理和其他高级管理人员应在企业文化建设中发挥主导和垂范作用，以自身的优秀品格和脚踏实地的作风，带动影响整个团队，共同营造积极向上的企业文化氛围。

第三章 风险评估

引导案例参考答案

1. 措施 1 存在的主要风险：一是研究项目未经科学论证或论证不充分，可能导致资源浪费；二是研发人员配备不合理或研发过程管理不善，可能导致成本过高、研发失败；三是研发成果转化应用不足，保护措施不力，可能导致企业利益受损，等等。

主要控制措施：一是根据发展战略，结合市场开拓和技术进步要求，科学制定研发计划，提出研究项目立项申请，开展可行性研究，编制可行性研究报告，按规定的权限和程序对研发项目进行审批；二是加强对研究过程的管理，确保项目按期、保质完成；三是促进研究成果的转化，建立研究成果保护制度。

2. 措施 2 存在的主要风险：一是管理人员引进方式不当；二是技术人员引进方式不当，优秀的技术人才可遇不可求，不宜批量引进，这样可能导致引进的人员不符合要求，关键技术泄密，或技术能力不胜任；三是人力资源退出机制不当，可能导致法律诉讼。

主要控制措施：一是采用内部培养、公开招聘、竞争上岗、组织选拔等恰当方式遴选管理人员，特别是高管人员；二是专业技术人员招聘可以采用上门拜访、熟人推荐、委托中介、网络招聘、内部培养等方式引进；三是依法与选聘人员签订劳动合同，对于关键管理及关键技术人员，应签订岗位保密协议、竞业限制协议，明确应履行的义务；四是对退出人员明确保密期限、竞业限制期限，对关键人员还应当进行工作交接或离任审计。

3. 措施 3 存在的主要风险：筹资方案未经论证，决策不当，可能导致筹资成本过高、资本结构不合理等。

主要控制措施：一是对筹资方案进行科学论证，形成可行性研究报告，反映筹资风险评估情况；二是对筹资方案严格审批，关注筹资用途的可行性和相应的偿债能力。

4. 措施 4 存在的主要风险：审计委员会负责人及其成员必须具备相应的独立性和专业胜任能力，由执行董事及高管组成审计委员会，不具有独立性，业务能力上也不一定胜任。

主要控制措施：审计委员会成员主要由独立董事担任，并由有会计背景的外部专家担任审计委员会主席。

5. 措施 5 存在的主要风险：被并购方员工可能不愿意抛弃原有公司文化，并与 ABC 公司的文化产生冲突，可能导致并购后的整合难度加大，并可能导致并购重组失败。

主要控制措施：平等对待被并购方的员工，促进并购双方的文化融合。

6. 措施 6 存在的主要风险：产品质量下降，侵害消费者利益，可能导致企业巨额赔偿、形象受损。

主要控制措施：一是严格执行产品质量控制和检验制度，严把质量关，禁止缺乏质量保障的产品流向社会；二是加强产品售后服务，售后发现存在严重质量缺陷、隐患的产品应及时召回或采取其他有效措施。

7. 措施 7 存在的主要风险：一是对担保申请人的资信状况调查不深入，审批不严或越权审批，可能导致企业担保决策失误或遭受欺诈；二是对被担保人监控不力，应对不当，导致企业承担法律责任；三是担保过程中可能存在舞弊行为，使企业利益受损，等等。

主要控制措施：一是对担保申请人进行资信调查和风险评估，并出具书面报告；二是以制度形式明确不予担保的范围；三是建立担保授权和审批制度、回避制度；四是加强担保合同的日常管理，对被担保人的经营情况和资金使用情况进行动态监控；五是建立担保业务的责任追究制度。

案例测试参考答案

1. 事项1面临的主要风险：客户信用调查不到位，销售过程中存在舞弊行为，可能导致企业利益受损。

主要控制措施：对于新开发客户，建立严格的信用调查和保证制度。确定信用额度、签订合同应当由两个以上的员工参与。

2. 事项2面临的主要风险：销售业务管理制度不完善或流于形式，相关人员审核不严，执行不到位。

主要控制措施：销售部门严格按经批准的销售合同开具销售通知单。发货和仓储部门应当对销售通知单进行审核，严格按照所列项目组织发货，确保货物的安全发运。

3. 事项3面临的主要风险：票据审查不仔细，相关控制流于形式，导致遭受欺诈。

主要控制措施：加强商业票据管理，明确商业票据受理范围，严格审查商业票据的真实性和合法性，防止票据欺诈。

4. 事项4面临的主要风险：项目招标存在暗箱操作或商业贿赂，可能导致中标人实质上难以承担工程项目。

主要控制措施：采用公开招标方式择优选择具有相应资质的承包单位；采取措施严格保密；按照招标文件确定的标准和方法对投标文件进行评审和比较，择优选择投标候选人。

5. 事项5面临的主要风险：没有预算可能导致企业经营缺乏约束或盲目经营。

主要控制措施：进一步完善预算编制和执行控制、加强预算考核，确保预算刚性，防止预算控制流于形式。

6. 事项6面临的主要风险：外包价格确定不合理、承包方选择不当，可能导致企业遭受损失；外包监控不严，服务质量低劣，可能导致公司难以发挥业务外包的优势；可能存在商业贿赂等违法行为。

主要控制措施：一是合理确定外包价格，严格控制外包成本，切实做到成本效益原则；二是对承包方的履约能力进行持续评估，有证据表明存在重大违约行为时，应及时终止合同；三是按规定的权限和程序确定最终承包方，严防商业贿赂。

第四章 控制活动

引导案例参考答案

1. 董事长赵某发言：

（1）董事长关于子公司的重大事项决策、重要项目安排、重要人事任免及大额资金支付等，均由公司董事会统一决策的措施不恰当。

理由：根据《公司法》规定，子公司具有法人资格，依法承担民事责任，子公司重大事项决策、重要项目安排、重要人事任免及大额资金支付等，应由子公司董事会或股东大会决定。

（3）董事长关于请总经理组织起草修改公司章程议案，报董事会审议通过后实施的措施不恰当。

理由：根据《公司法》有关规定，由股东大会才有权修改公司章程。

2. 总经理钱某发言：

（2）总经理关于使用自产新型建材，可以享受免交增值税的说法不正确。

理由：企业使用自产建材，应视同销售计算交纳增值税。

（3）总经理关于市税务机关负责减免流转税和所得税的说法不正确。

理由：税收减免审批权限属于法律、行政法规规定或者法定的审批机关的权限，市税务机关无权减免。或：由国务院负责税收减免。

3. 总会计师孙某发言：

（1）总会计师关于将达成 20×9 年购买意向并支付定金的建材，按照内销价格确认 20×8 年的销售收入的措施不恰当。

理由：根据《会计法》和企业会计准则规定，企业不得虚列或者隐瞒收入，推迟或者提前确认收入。定金不符合收入确认条件。

（3）总会计师关于适度少转存货成本和减提固定资产和无形资产减值准备的措施不恰当。

理由：根据《会计法》、企业会计准则规定，企业进行会计核算不得随意改变费用、成本的确认标准或计量方法，不得少列或者不列费用。企业应按会计准则规定，如实结转存货成本，对固定资产、无形资产进行减值测试，计提减值准备。

【案例 4－1 参考答案】

1. 销售与收款控制

（1）“如果超过职权范围内的赊销业务，全部交给销售部门的经理进行审批。”不恰当。对符合赊销条件的客户，应经相关审批人批准后方可办理赊销业务；超过销售政策和信用政策规定的赊销业务，应当实行集体决策审批。

（2）“销售发票的其中一联交财务部丁职员据以登记与销售业务相关的总账和明细账”不恰当。总账和明细账的登记属于不相容职务，应当予以分离。

（3）“会计部门定期向顾客催收款项并寄送对账单，对顾客提出的异议进行专门追查。”不恰当。销售部门应当负责应收账款的催收，财会部门应当督促销售部门加紧催收。

（4）“为了便于及时更正录入的基础数据可能存在的差错，信息部门拥有修改基础数据的权限。”不恰当。如果信息部门可以更正使用部门送交的数据资料，将增加相关数据资料在使用部门不知道的情况下被人为修改的风险，降低相关数据分析结果的可靠性。

2. 采购与付款控制

（1）“由采购部的职员 E 选择并确定供应商。”不恰当。供应商的选择与审批是不相容的岗位。

（2）“对于验收过程中发生的异常情况，负责验收的部门或人员应在验收完毕后及时通知有关部门，并做出处理。”不恰当。对验收过程中发现的异常情况，负责验收的部门或人员应当立即向有关部门报告；有关部门应查明原因，及时处理。

（3）“会计部门根据只附供应商发票的付款凭单进行账务处理。”不恰当。如果会计部门仅根据付款凭单和供应商发票记录存货和应付账款，而不需同时核对验收单和订购单，会计部门将无法核查材料采购的真实性。从而可能记录错误的存货数量和金额。

（4）“出纳人员 J 登记现金和银行存款日记账，并在每月月末编制银行存款余额调节表。”不恰当。记录银行存款收入支出与编制银行存款余额调节表是不相容的岗位，应予以分离。

3. 存货管理控制

（1）“领料单一式两联，一联交还领料部门，一联留仓库部门”不恰当。领料单应当一式三联，一联交还领料部门，其余两联经仓库登记材料明细账后，一联送会计部门进行材料收发核算和成本核算，一联由仓库部门留存。

（2）没有缺陷。

（3）“对于该备件的保管由仓库保管人员 W 专门负责，调用审批由公司生产部经理负责，转移由精密仪器使用车间的 P 组长负责。”不恰当。对贵重物品、生产用关键备件、精密仪器、危险品等重要存货，应当采取额外控制措施，确保重要存货的保管、调用、转移等经过严格授权批准，且在同一环节有两人或两人以上同时经办。

（4）没有缺陷。应建立健全存货清查盘点制度，定期或不定期地对各类存货进行实地清查和盘点。

4. 货币资金控制

（1）“单笔付款金额在 50 万元以上的，由总经理审批”不恰当。根据规定，单位对于重要货币资金支付业务，应当实行集体决策和审批。因此，对公司总经理的货币资金支付审批，也应设定上限，超过设定审批权限的，应由通过集体决策和审批进行“特殊授权”，甚至由公司董事会集体决策和审批，总经理、董事长等也不能例外。

（2）“为了保证库存现金账面余额与实际库存相符，每月月末定期进行现金盘点。”不恰当。库存现金应当进行突击式盘点，所以单位应当定期和不定期地进行现金盘点，确保现金账面余额与实际库存相符。发现不符，及时查明原因，做出处理。

（3）“法定代表人不在期间，由财务主管代为保管。”不恰当。严禁一人保管支付款项所需的全部印章。

（4）“出纳人员为财务主管的女儿”不恰当。会计机构负责人的直系亲属不得担任本单位出纳人员。

案例测试参考答案

1. 常用的预算方法有：固定预算，弹性预算，滚动预算，零基预算。柳江公司的业务招待费预算编制采用了固定预算和弹性预算两种预算方法，各职能科室的业务招待费预算采用的是固定预算，业务部门的业务招待费预算采用的是弹性预算。

2. 柳江公司在费用预算控制方面存在的问题：(1) 预算基数较高，如业务招待费的基数超过了税前扣除标准；(2) 预算编制方法落后，基数加增长的预算编制方法没有科学性，虽然该公司使用了弹性预算方法，但编制和执行时并没有真正按弹性预算的规范来做；(3) 预算的批准不符合授权批准控制的规定；(4) 在预算执行上不严格，没有贯彻节约的原则，员工自觉遵守预算、厉行节约的意识不强；(5) 对预算执行的检查、监督不够，预算在执行过程中审核不够严密。

3. 从组织体系来看，该公司预算管理体制不科学，由财会部门负责预算管理工作有很多局限性。应进行组织架构的改进。可以设立包括全面预算管理决策机构、工作机构和执行单位三个层次的组织系统。(1) 董事会一般是企业全面预算管理的决策机构，董事会下设专业委员会——预算管理委员会。预算管理委员会以预算会议的形式工作。预算管理委员会主任一般由董事长或总经理兼任，总会计师或财务总监或分管财会工作的副总经理任副主任；委员由独立核算部门和各职能部门负责人兼任。(2) 预算管理委员会一般为非常设机构，企业应在该委员会下设立预算管理工作机构（预算管理办公室），由其履行预算管理委员会的日常管理职责。预算管理办公室一般设在财会部门，其主任一般由总会计师（或财务总监、分管财会工作的副总经理）兼任，工作人员除了财会部门人员外，还应有计划、人力资源、投资、生产、销售、研发等业务部门人员参加。(3) 全面预算执行单位是指根据其在企业预算总目标实现过程中的作用和职责划分的，承担一定经济责任，并享有相应权力和利益的企业内部单位，包括企业内部各职能部门、所属分（子）企业等。

4. 针对该公司的情况，为了加强费用预算控制，应采取以下几个方面的改进措施：(1) 从根本上改变基数加增长的预算编制方法，费用的预算数应结合实际情况进行核定，最好按零基预算的方法进行逐项核定；(2) 严格预算的审批程序，坚持按规定审批预算；(3) 强化预算管理，发挥预算功能，各部门要严格预算执行纪律，提高预算的严肃性和权威性；(4) 会计部门要加强对预算执行情况的检查、监督，严格按核查程序进行审核控制，对超过预算的支出坚决不予报销，对越权审批的项目拒绝办理；(5) 严格控制预算调整。为保证预算的严肃性，强化预算约束力，预算方案一经确定，原则上不予调整；(6) 建立预算执行的奖惩制度，根据预算执行情况，对模范执行预算、厉行节约的单位和个人给予奖励，对不严格执行预算、浪费的单位和个人进行处罚；(7) 对不遵守预算管理的情况加强监督，并建立报告制度，任何人都应纳入控制范围，任何人都不得凌驾于内部控制之上，总经理也不能例外。

第六章 资产业务内部控制

【案例 6 -1 参考答案】

1. 发生管理费用事项的执行与货款支付、报销等不能由出纳一个人完成，我国《企业内部控制基本规范》禁止由同一个人办理任何业务的全过程，不相容职务应分离。

2. 出纳为减少跑银行麻烦的做法有两项违规行为：超限额保存现金和坐支现金，多余款项应及时送存银行。

3. 私自出借现金给亲友应急，属于挪用资金行为，应严格禁止。

4. 空白支票、预留印鉴由出纳一人保管属于违规，容易导致个人窃取单位资金的行为。

5. 出纳岗位 6 年没有轮换，可能容易出现各种作弊行为，关键岗位最长不超过 5 年应轮换岗位。

【案例 6 -5 参考答案】

1. “领料单一式两联，一联交还领部门，一联留仓库部门”不恰当。领料单应当一式三联，一联交还领部门，其余两联经仓库登记材料明细账后，一联送会计部门进行材料收发核算和成本核算，一联由仓库部门留存。

2. 没有缺陷。

3. “对于该备件的保管由仓库保管人员 W 专门负责，调用审批由公司生产部经理负责，转移由精密仪器使用车间的 P 组长负责。”不恰当。对贵重物品、生产用关键备件、精密仪器、危险品等重要存货，应当采取额外控制措施，确保重要存货的保管、调用、转移等经过严格授权批准，且在同一环节有两人或两人以上同时经办。

4. 没有缺陷。应建立健全存货清查盘点制度，定期或不定期地对各类存货进行实地清查和盘点。

案例测试参考答案

针对这种贵重物资的风险管控，在制度设计方面，当车间主任因故不在班时，ABC 公司应安排有替代措施，以保证生产的连续性。同时，明确规定未经授权的人员不得接触这种贵重资产。在执行过程中，各相关人员应认真履行职责，严格执行审批、审核和查验等控制程序。

第七章 购销及投融资业务内部控制

引导案例参考答案

中原公司采购业务的内部控制存在以下缺陷：

1. 对新的供货商缺少资信调查和信用评估。

2. 未对第二批货款的支付风险进行评估。

3. 货款支付缺少必要的分级授权审批，财务人员未经批准和核实就将货款付出，过于草率。

【案例 7－2 参考答案】

1. “由采购部的职员 E 选择并确定供应商”不恰当。供应商的选择与审批是不相容的岗位。

2. “对于验收过程中发生的异常情况，负责验收的部门或人员应在验收完毕后及时通知有关部门，并做出处理”不恰当。对验收过程中发现的异常情况，负责验收的部门或人员应当立即向有关部门报告；有关部门应查明原因，及时处理。

3. “会计部门根据只附供应商发票的付款凭单进行账务处理”不恰当。如果会计部门仅根据付款凭单和供应商发票记录存货和应付账款，而不同时核对验收单和订购单，会计部门将无法核查材料采购的真实性。从而可能记录错误的存货数量和金额。

4. “出纳人员 J 登记现金和银行存款日记账，并在每月末编制银行存款余额调节表”不恰当。记录银行存款收入支出与编制银行存款余额调节表是不相容的岗位，应予以分离。

【案例 7－3 参考答案】

1. “如果超过职权范围内的赊销业务，全部交给销售部门的经理进行审批。”不恰当。对符合赊销条件的客户，应经相关审批人批准后方可办理赊销业务；超过销售政策和信用政策规定的赊销业务，应当实行集体决策审批。

2. “销售发票的其中一联交财务部丁职员据以登记与销售业务相关的总账和明细账”不恰当。总账和明细账的登记属于不相容职务，应当予以分离。

3. “会计部门定期向顾客催收款项并寄送对账单，对顾客提出的异议进行专门追查。”不恰当。销售部门应当负责应收账款的催收，财会部门应当督促销售部门加紧催收。

4. “为了便于及时更正录入的基础数据可能存在的差错，信息部门拥有修改基础数据的权限。”不恰当。如果信息部门可以更正使用部门送交的数据资料，将增加相关数据资料在使用部门不知道的情况下被人为修改的风险，降低相关数据分析结果的可靠性。

【案例 7－4 参考答案】

1. W 公司内部控制中存在的缺陷：

（1）内部环境方面：①董事会软弱无力，没有履行好监督管理层的职责，也没能够及时获取和掌握公司经营管理中的重大信息。②总经理过于冒进，风险意识淡薄，仅仅凭市场行情，就冒险进入不熟悉的高风险期权期货行业。③总经理诚信存在严重缺失，为了回避董事会的财务监督，拒绝接受董事会委派的财务经理和审计经理，同时向社会发布失实信息，欺骗投资者。为了达到目的，与事务所的人员达成交易，涉嫌贿赂，属于商业犯罪行为。④交易员及风险管理、财务、审计等部门员工的职业道德、业务能力等方面存在不足，没有能按内部控制的规定尽职工作。⑤内部机构职责分配不恰当，总经理对多项职责均越俎代庖，造成正常的执行和监督职能混淆。

（2）风险评估方面：①公司未对从事期货期权业务的风险进行评估，就进入该市场，在后期发生市价跌幅较大时，也没能进行科学的分析和判断，且没有认识到主观臆断的市场交易所包含的巨大风险和严重后果。②风险管理部门和人员对于期权交易既未履行风险评估职责，也未履行风险提示、预警和报告职责。③风险应对措施缺乏，在期权业务开始出现较大损失的情况下，没有采取平仓等果断措施来控制损失，而是继续进行错误交易，进一步加大了风险和损失。④财务部门未及时评估、预警和报告填补期权交易保证金窟窿可能引发的巨大财务风险，导致财务状况持续恶化。

（3）控制活动方面：①缺乏对期权期货交易员的交易行为进行复核、评估和审计的控制，导致交易员超过授权范围连续进行错误的交易。②对重大货币资金支付的控制薄弱。导致在董事会不知情的情况下，将有明确用途的贷款挪作他用。③会计系统控制失效。期权交易损失未被真实、完整地确认、计量、报告和披露，提供虚假财务报告。④内部审计控制失效。没有及时揭露期权期货交易中的错误行为和重大损失。⑤人员素质控制失败。交易员、风险管理人员、内部审计人员道德素养和专业素质存在缺陷。

（4）信息与沟通方面：①公司内部没有及时、准确地收集和传递相关信息，相关信息在单位内部、单位与外部之间缺少有效沟通。②董事会与风险管理委员会、管理层之间没有良好的沟通，管理层与内部审计之间也缺乏良好沟通。③董事会获取信息的能力比较弱，长时间被管理层蒙蔽，没有及时掌握经营管理中的重大信息。

（5）内部监督方面：①公司缺乏内部控制执行情况的单独评价和持续监控，导致相关制度在具体业务中没有得到有效执行。②内部监督应包括日常监督和专项监督，针对这项高风险的投资业务，应进行专项监督，并提交书面报告。

2. W公司董事会可以采取以下措施加强对W公司的控制：

（1）健全组织机构，明确各层管理人员的职责权限，建立董事会与管理层之间的权力制衡机制，尤其是针对总经理的权限划分要明确，充分发挥董事会下属各专业委员会的作用。

（2）建立科学的高层管理人员选拔任用机制和监督检查机制，要求定期述职与业绩考核相结合，严明纪律，严格奖惩。对于发现的不恰当行为，要令行禁止。

（3）加强审计监督，加强审计委员会与内部审计的沟通，审计委员会要强化对内部审计的督导。

（4）培育企业文化，增强员工风险意识和风险管理理念，对管理层的正直诚信和道德价值观提出要求，并增强所有员工的法制观念。

(5) 加强董事会与 W 公司之间的信息与沟通，建立及时、准确的信息沟通渠道，通过调动各层次人员的积极性，及时掌握控股公司经营管理中的重大信息和异常情况。

(6) 加强内部监督，建立日常监督和专项监督体系，根据监督结果形成书面报告，确保发现的重要问题能够及时送达治理层和管理层；同时，应建立内部控制缺陷纠正、改进机制，提高内部监督效力。

案例测试参考答案

1. 该公司存在诸多授权不当行为。例如，材料采购由供应部经理审批、各项费用均由总经理签字报销等。常规授权应实行分级授权，三重一大事项应由董事会或经理班子集体审批，任何个人无法单独改变集体决策的结果。

材料采购应按采购金额大小分别由分管副经理审批、总经理审批、经理班子集体审批。费用的签字报销也应实行分级授权审批制度。

2. 在内部控制执行过程中，采购员直接向总经理请示，总经理越权批示是导致采购失误的重要原因。

3. 对于重要的和技术性较强的采购业务应组织专家进行可行性论证，并实行集体决策和审批。总经理贸然决定采购“高科技”产品，没有经过专家的可行性论证和经理班子集体审批，违背了采购决策控制要求。

4. 总经理指示将决策失误带来的 60 万元损失记入正常材料耗费，调整成本预算，违背会计核算的如实反映原则。

第八章　其他业务内部控制

引导案例参考答案

1. 乙分部业务外包内部控制存在的缺陷：外包价格确定不合理，或承包方选择不当，导致外包业务成本高；外包业务实施过程监控不严，服务质量低劣，导致公司难以发挥业务外包的优势；业务外包过程可能存在商业贿赂、人情关系等。

改进措施：采用公开招标方式择优选择承包商，严防商业贿赂；合理确定外包价格，严格控制外包成本；明确约定服务标准和验收条件；对承包方履约能力进行持续评估，有证据表明存在重大违约行为时，应及时终止合同。

2. CD 集团公司董事会会议的两项提议不合理。重大决策应由董事会或领导班子集体决策，不应由总经理一人审批；子公司具有法人资格，具有独立的决策权，子公司重大事项决策，应由子公司股东大会或董事会决定。子公司总经理和总会计师应由子公司董事会任命并对其负责，接受集团公司董事会的监督。

案例测试参考答案

1. B公司内部控制存在缺陷：

（1）投资决策存在缺陷，重大投资项目未履行集体审议联签等决策审批程序。

（2）未对投资项目进行分析论证或可行性研究，没有核实甲公司资质。

（3）资金支付控制存在缺陷，财会部在投资没有经过审批和没有签订投资合同的情况下，仍然支付投资款，把关不严。

2. C公司内部控制存在缺陷：

（1）控制环境薄弱：乙公司董事长是本公司总经理的亲属，总经理仍然指示办理担保，违背利益冲突时应予以回避的职业操守；由不熟悉担保业务的李某负责办理担保业务，不符合员工胜任能力的基本要求。

（2）相关控制活动缺失：没有制定担保政策和授权批准制度；由李某一人办理担保业务的全过程，不符合岗位分工和不相容职务相分离的要求。

（3）担保决策存在缺陷：未对乙公司的资产质量、财务状况、经营情况等进行必要的评估；担保决策属于公司重大事项，应由C公司董事会决策或经理班子集体决策。

第九章　内部监督和内部控制评价

引导案例参考答案

1. 不当之处：内部审计由财务总监直接管辖，并对总经理负责。总经理定期将内部审计报告提交给公司董事会下设的审计委员会。

理由：内部审计的工作对象之一就是对财务活动进行审计，财务会计部门是被审计部门之一，将内部审计设置在财务会计部下，很难保证内部审计的独立性。这种设置方式会极大地削弱内部审计的功能和作用，独立性严重受损，因此，这种设置方式是不可取的。

为提高内部审计独立性，内部审计最好由董事会进行管理，由审计委员会辅助董事会批准内部审计负责人的任免、工作日程、人员配备计划，费用预算和内部审计绩效评价等。

2. 没有不当之处。

3. 不当之处：管理层负责重大缺陷的整改，接受董事会的监督。审计委员会负责重要缺陷的整改，接受董事会的监督。内部审计机构负责一般缺陷的整改，接受管理层的监督。

理由：董事会负责重大缺陷的整改，接受监事会的监督。管理层负责重要缺陷的整改，接受董事会的监督。内部有关单位负责一般缺陷的整改，接受管理层的监督。

4. 不当之处：公司拟借助中介机构实施内部控制评价，安排为公司提供内部控制审计服务的会计师事务所，每年实施一次内部控制评价工作，并于每年的5月15日提交内部控制评价报告。

理由：内部控制评价属于会计师事务所的咨询业务。参与企业内部控制评价的中介机构不得同时为同一企业提供内部控制审计服务。企业应以12月31日作为年度内部控制评价报告的基准日，也可选择6月30日为基准日。内部控制评价报告应于基准日后4个月内报出。

【案例9-3参考答案】

1. 资料1关于内部环境

赞同内部控制评价工作组对没有足够的证据说明企业文化得以有效贯彻落实的判断。

理由：企业文化贯彻落实的有效性应当获取充分的证据支持。

或：企业应当保留相关的文档记录以证明企业文化得以有效贯彻落实（如领导在董事会议上所做的内部控制工作报告和对内部控制工作的批示、《员工行为守则》的宣传贯彻工作等）。

资料2关于风险评估

赞同内部控制评价工作组对公司风险评估机制存在缺陷的认定。

理由：公司应当对赞助和捐赠事项履行风险评估程序。

或：公司没有对赞助和捐赠事项进行风险识别、风险分析和风险应对。

资料4关于信息与沟通

赞同内部控制评价工作组将所有风险信息均经由总经理向董事会报告认定为控制缺陷。

理由：重大信息应及时传递给董事会、监事会和管理层。

或：对于重大风险信息，风险管理部门应向总经理报告同时及时向董事会及其审计委员会报告。

资料5关于内部监督

赞同内部控制评价工作组对内控评价机构选择的判断。

理由：内部控制评价机构的选择不仅要考虑独立性，还要综合考虑其胜任能力和权威性，以及是否得到公司领导层的支持等。

2. 资料3关于控制活动

（1）资金投放环节的内部控制设计无效。

理由：大额期权期货交易应当实行集体决策或联签制度。

或：大额期权期货交易应当经董事会或股东大会批准。

（2）资金筹集环节的内部控制设计无效。

理由：特别授权应当按照规定的权限和程序进行。[或：特别授权不当]

（3）物资采购环节的内部控制设计无效。

理由：公司应当建立采购申请制度，明确相关部门和人员的职责权限及相应的请购审批程序。

或：库存较低时由采购部门直接采购可能会增加原材料过度采购或采购不足的风险。

（4）资产管理环节的内部控制设计无效。

理由：公司应当对财产保险业务外包实施相应的控制。

或：公司不再另行制定有关投保政策的控制规定不符合全面性原则的要求。

（5）商品销售环节的内部控制设计有效。

理由：虽然特定商品的销售和收款未完全分离，但公司采取了必要的补偿性控制措施，符合适应性原则和成本效益原则的要求。

案例测试参考答案

1. 第1项工作存在不当之处：

（1）经理层对内部控制有效性负责。董事会对建立健全和有效实施内部控制负责。经理层负责组织领导企业内部控制的日常运行。

（2）审计部审定内部控制重大缺陷。董事会负责审定内部控制重大缺陷。

2. 第2项工作存在不当之处：

（1）组织架构相关内容不纳入公司层面评价范围。组织架构是内部环境的重要组成部分，直接影响内部控制的建立健全和有效实施、应纳入公司层面评价范围。虽然甲公司已经建立了科学规范的组织架构，但是还应对组织架构的运行情况进行评价。

（2）在实施业务层面评价时，主要评价上海证券交易所重点关注的对外担保，关联交易和信息披露等业务。业务层面的评价应涵盖公司各种业务和事项（或：体现全面性原则）。而不能仅限于证券交易所关注的少数重点业务或事项来展开评价。

（3）为减轻评价工作对正常经营活动的影响，在本次内部控制评价中，仅采用调查问卷法和专题讨论法实施测试和评价。评价过程中应按有利于收集内部控制设计、执行是否有效的证据的原则、充分考虑所收集证据的适当性与充分性，综合运用评价方法。评价过程中应视被评价对象的具体情况，适当选择个别访谈、调查问卷、专题讨论、穿行测试、实地查验，抽样和比较分析等方法。

3. 第3项工作存在不当之处：

（1）现场评价报告无须和被评价单位沟通。现场评价报告应向被评价单位通报。

（2）现场评价报告只需评价工作组负责人审核、签字确认后报审计部。现场评价报告经评价工作组负责人审核、签字确认后，应由被评价单位相关责任人签字确认后，再提交审计部（或：内部控制评价部门）。

4. 第4项工作存在不当之处：对于重大缺陷及其整改情况，只进行内部通报，不对外披露。对重大缺陷及其整改情况，必须对外披露。

5. 第5项工作存在不当之处：重点审计该公司内部控制评价的范围、内容、程序和方法等。会计师事务所实施内部控制审计，可以关注、利用上市公司的评价成果，但应进行独立审计，全面审计，不能因为被审计上司公司实施了内部控制评价就简化审计的程序和内容。内部控制审计不是对内部控制评价进行审计，而是对特定基准日内部控制设计与执行的有效性进行审计。

第十章　行政事业单位内部控制与风险管理

案例测试参考答案

分析要点：

1. 资料（1）的缺陷：①工程价款支付控制不严格。缺乏支出审批、支出审核、资金支付和会计核算、支出业务分析控制。②不能由一人保管收付款项所需的全部印章。没有严格履行签字或盖章手续。

资料（2）的缺陷：资产管理不严，没有建立资产台账和定期盘点制度，可能导致资产流失、资产信息失真、账实不符等风险。

资料（3）的缺陷：对资金支付申请没有严格审核把关，支付申请缺乏必要的审批手续，大额资金支付没有实行集体决策和审批，导致资金非法套取或被挪用。对于该支出没有明确开支的范围和标准，没有进行事前申请控制、支出审批与审核控制，没有进行资金支付与会计核算控制，没有进行支出业务分析控制。

2. 决定（1）中，单位负责人应对本单位内部控制的建立健全和有效实施负责，因此，不应要求财务负责人对单位的内部控制制度承担全部责任。

决定（2）中，严禁一人保管收付款项所需的全部印章。财务专用章应由专人保管，个人名章应由本人或其授权人员保管。负责保管印章的人员要配置单独的保管设备，并做到人走柜锁。

决定（3）中谈判的价格、合同的签订、业务的运作、款项的结算应分别设立不同部门完成，甲单位决定由业务部负责办理业务的全过程，违背了“不相容岗位相互分离控制”的要求。

决定（4）中，没有不当之处。

第十一章　内部控制与风险管理新发展

案例测试参考答案

分析要点：

1. 召开关于开展 IT 资产管理的动员大会，告知各部门负责人，实施这项工作意义重大。

2. 任命首席信息官（CIO）担任IT资产经理，负责IT资产管理工作，并由其组建IT资产管理部。

3. 全面清查硬件和软件，每台计算机和服务器的硬件配置均由IT部明细登记，软件方面鉴于计算机数量庞大，软件资产可结合财务对账方式执行清查，并由专业人士借助专业工具和软件进行扫描清查，然后统一编号管理。

4. 全面清查设计成果文件，逐一登记造册，分门别类地编号，统一管理权限，并指定专职人员负责管理。

5. 将各种硬件、软件和数字化设计图纸文件的清查结果与财务部、研发部、集团办公室等部门的相关记录进行核对，逐项确认账实是否相符，确认差异，形成一份详尽的《集团IT资产清查情况统计表》。

6. 逐项分析各项IT资产产生账实差异的原因，追究和落实责任。

7. 实施IT资产的规范化和制度化管理，颁布实施《集团IT资产管理规范》，对集团内IT资产采购、领用、归还、升级、保管、处置、监管等管理规范化。借助软件和信息技术定期或不定期进行软硬件配置扫描，以便及时发现问题。

8. 使用某软件进行数字化设计成果文件的集中云存储，并统一权限管理，IT部门保持对资产管理主控端数据库信息的监控与分析，发现问题及时汇报或解决。

9. 规范员工使用IT资产的行为。

第四部分

各章练习题参考答案

第一章　内部控制与风险管理概述

（一）单项选择题

1. 答案：C

解析：内部控制的目标之一即合理保证财务报告等公司报告的真实、完整和可靠。

2. 答案：B

解析：A错误，内部控制由企业董事会、监事会、经理层和全体员工实施的，旨在实现控制目标的过程，起源于内部牵制，但早已突破牵制的范围，内部控制也不等于会计控制。B错误，内部控制是影响目标实现的风险进行管控的过程，不是静态的制度、文件和流程。C错误，内部控制是全员控制，不仅仅是经理层的控制。

3. 答案：C

解析：A是全面性原则，B是制衡性原则，C是适应性原则，D是成本效益原则。

4. 答案：B

解析：A不正确。两项功能的分离是惯例。这种情况表明缺少适当的控制，而不是内部控制的固有局限。B正确。串通可以逃避控制。C不正确。销售交易在发生之前能够并应该得到授权。D不正确。对不胜任员工的指派是可以避免的，因此不是内部控制的固有局限。

5. 答案：C

解析：内部控制有五大目标：A体现资产目标，B体现合规目标，D体现报告目标。

（二）多项选择题

1. 答案：ACD

解析：B符合不相容相分离的要求。

2. 答案：ABCD

解析：A正确，内部控制的目标之一是促进企业实现发展战略；B正确，考点是内部控制要素，C正确，内部控制是全员控制；D正确，考点是内控的监督与评价要素。

3. 答案：ABCD

解析：内部控制是全员控制。

4. 答案：ABC

5. 答案：ABC

解析：D选项为内部控制设计缺陷，不属于内部控制固有局限性。

（三）判断题

1. 答案：错误

解析：内部控制是由企业董事会、监事会、经理层和全体员工实施的、旨在实现控制目标的过程。

2. 答案：错误

解析：内部控制对目标的实现只能提供合理保证，不是绝对的可靠。

3. 答案：错误

解析：内部控制的大部分理念、原则和方法也适用于非营利组织。

4. 答案：错误

解析：内部控制的实施主体不包括大股东。

5. 答案：正确

第二章　内部环境

（一）单项选择题

1. 答案：B

解析：人力资源政策与实践属于内部环境要素。

2. 答案：C

解析：C 属于人力资源管理的政策与实践。

3. 答案：B

解析：考点是企业文化的内涵。

4. 答案：A

5. 答案：B

解析：审计委员会是董事会下辖的委员会，全部由独立、非行政董事组成。

（二）多项选择题

1. 答案：BC

解析：选项 B 的正确说法为“企业应重视发展战略的宣传工作，通过内部各层级会议和教育培训等有效方式，将发展战略及其分解落实情况传递到内部各管理层级和全体员工”。选项 C 的正确说法为“战略委员会应加强对发展战略实施情况的监控，定期收集和分析相关信息，对于明显偏离发展战略的情况，应及时报告”。

2. 答案：ABD

解析：A 公司治理结构存在缺陷，B 违反企业社会责任相关规定，D 企业的使命和目标定位存在缺陷。

3. 答案：ABCD

解析：企业应制定组织结构图、业务流程图、岗（职）位说明书和权限指引等内部管理制度或相关文件，使员工了解和掌握组织架构设计及权责分配情况，正确履行职责。

4. 答案：AC

解析：企业梳理治理结构，应重点关注董事、监事、经理及其他高级管理人员的任职资格和履职情况，以及董事会、监事会和经理层的运行效果。治理结构存在问题的，应采取有效措施加以改进。

5. 答案：AC

解析：具备财务背景和丰富的经验，不是独立董事必备的技能，B 错误；独立董事可以与其他上市公司存在利益关系，D 错误。

（三）判断题

1. 答案：正确

2. 答案：错误

解析：企业应贯彻预防为主的原则，采用多种形式增强员工安全意识，重视岗位培训，对于特殊岗位实行资格认证制度。

3. 答案：错误

解析：上市公司的董事会、监事会及其他内部机构应独立运作。控股股东及其职能部门与上市公司及其职能部门之间没有上下级关系。

4. 答案：错误

解析：董事、经理和其他高级管理人员不得兼任监事。

5. 答案：正确

第三章 风险评估

（一）单项选择题

1. 答案：B

解析：信用风险是指在交易对方在账款到期不予支付的风险。

2. 答案：B

解析：ACD 都属于业务层面的风险。B 属于整体层面风险中的内部信息传递风险。

3. 答案：D

4. 答案：B

5. 答案：B

解析：风险降低是企业在权衡成本效益之后，准备采用适当的控制措施降低风险或者减轻损失，将风险控制在风险接受水平之内的策略。

（二）多项选择题

1. 答案：ACD

2. 答案：ABD

解析：信息技术外包的缺点包括，当外包服务不再受公司的控制时，就失去了灵活性，企业不能根据环境的改变做出迅速的反应。供应商在质量和服务方面也有可能存在一定风险。所以 C 错误。

3. 答案：ACD

解析：企业需要管理的主要市场风险是利率风险、汇率风险、商品价格风险和股票价格风险。

4. 答案：ABC

解析：企业也可能由于以下几种原因采用风险承担：（1）缺乏能力进行主动管理，对这部分风险只能承担；（2）没有其他备选方案；（3）从成本效益考虑，这一方案是最适宜的方案。

5. 答案：ABCD

解析：企业应对政治风险的方法包括：（1）企业已做出适当的规划并履行了尽职调查；（2）另一种方法是为政治风险投保；（3）企业还可通过与职工建立良好关系的方式来创建友好的投资环境；（4）管理层还可在劳动合同中套用仲裁机构的辞令，用以解决劳资纠纷，从而使政治风险最小化。企业可加强现场安全保护，免受恐怖袭击；（5）经营环境发生改变后，无论再做什么努力，一般都太迟了。应与当地大使馆和商会保持联系。集体意见比个别企业更强大有力，即使这家企业与政府部门建立了稳固的关系。

（三）判断题

1. 答案：错误

解析：风险是一系列可能发生的结果，不能简单地理解为最有可能发生的结果。

2. 答案：错误

解析：风险降低是企业在权衡成本效益之后，准备采取适当的控制措施降低风险或者减轻损失，将风险控制在风险接受水平之内的策略。风险承受是企业对风险可接受水平之内的风险，在权衡成本效益之后，不准备采取控制措施降低风险或者减轻损失的策略。

3. 答案：错误

解析：风险评估由目标设定、风险识别、风险分析和风险应对构成。

4. 答案：错误

解析：风险识别是在目标设定的基础上，密切关注内外部主要风险因素。风险分析是指在风险识别的基础上，采用定性和定量相结合的方法，按照风险发生的可能性及其影响程度等，对识别的风险进行分析和排序，确定关注重点和优先控制的风险。

5. 答案：错误

解析：没有统一的风险度量单位和风险度量模型，假设前提和参数应随着环境的变化而适当调整。

第四章　控制活动

（一）单项选择题

1. 答案：D

2. 答案：A

3. 答案：A

4. 答案：B

解析：出纳员的职责主要是负责现金的保管和现金日记账的登记工作。

5. 答案：A

解析：A 正确，计算机处理通常对类似的交易采用同样的处理方法。计算机程序定义处理步骤以完成一个任务。一旦程序被正确撰写和调试，它可以无错误地重复完成任务。然而，如果程序中存在错误，所有的处理都将是不正确的。B 不正确，如果一个错误发生了，例如输入的错误，它可能不能立刻被发现。通常，处理进行以后，人工的干预会越来越少；C 不正确，一旦程序中存在错误，计算机处理就会发生系统性（重复性）错误；D 不正确，合理设计的系统可以保存交易记录、进行错误登记，从而生成有用的审计记录。

（二）多项选择题

1. 答案：BC

2. 答案：AB

3. 答案：ACD

解析：自动控制能为企业带来以下好处：（1）自动控制能够有效处理大流量交易及数据，因为自动信息系统可以提供与业务规则一致的系统处理方法（选项 A）；（2）自动控制比较不容易被绕过；（3）自动信息系统、数据库及操作系统的相关安全控制可以实现有效的职责分离；（4）自动信息系统可以提高信息的及时性、准确性，并使信息变得更易获取（选项 C）；（5）自动信息系统可以提高管理层对企业业务活动及相关政策的监督水平（选项 D）。

4. 答案：ABC

解析：选项 D 是信息技术对内部控制产生的特定风险。

5. 答案：AB

解析：选项 C 属于控制环境的内容，选项 D 属于风险评估。

（三）判断题

1. 答案：错误

解析：运营分析是一种过程控制，而绩效考评强调的是目标导向的结果控制。

2. 答案：错误

解析：信息部门不应具有拥有修改基础数据的权限，所有使用部门送交的数据资料的更正只能由拥有权限的使用部门人员实施。如果信息部门可以更正使用部门送交的数据资料，将增加相关数据资料在使用部门不知道的情况下被认为修改的风险，降低相关数据分析结果的可靠性。

3. 答案：错误

解析：除小额零星物资或服务外，企业不得安排同一机构办理采购业务全过程。

4. 答案：错误

解析：股利分配方案应经股东大会审议批准。

5. 答案：错误

解析：任何个人都不能单独改变集体决策的结果。

第五章　信息与沟通

（一）单项选择题

1. 答案：B

2. 答案：D

解析：信息与沟通文档，一般包括客户调查问卷、财务报告、经营分析报告、董事会及专业委员会、经理办公室会议、财务例会等重要会议、会议记录纪要、举报投诉记录等。而员工守则是内部环境文档。

3. 答案：C

解析：C 可能会创造出一个让雇员惧怕因上报有关信息而遭受惩罚的环境，将与沟通的目标相违背。C 符合题意。

4. 答案：C

解析：A 不正确，无论什么时候只要员工抱怨有关的劳动状况，就存在潜在的法律问题。除非内部审计活动在咨询指南中明确界定，否则内部审计师不应调查这类信息；B 不正确，尽管内部审计活动不应调查这类非正式的陈述或抱怨，但无视员工所关心的问题是不恰当的；C 正确，许多公司都有一个程序来接受和处理员工所关心的问题。在偶然遇到内部审计师时，员工可能会把这看作是绕过正常程序的一个机会。只要这个程序还在运转，内部审计师就应该鼓励员工遵循这个程序。此外，审计经理应知识内部审计师与其他员工之间的联系。D 不正确，员工可能最终要同法律部门会谈，但现阶段应该鼓励员工遵守投诉受理程序来解决其关心的问题。

5. 答案：B

解析：A 不正确，对编程的关注是使用计算机的一个优点。程序可以对所有类似的交易进行统一处理；B 正确，在手工处理系统中，有专人负责保护记录的安全性。然而在个人电脑的环境下，数据文集可能被其他人更改，并且不会留下痕迹。C 不正确，计算机处理的一个优点是以同一种方式处理类似的交易；D 不正确，维护文件的方法与比较文件中信息和物理盘点资产是无关的。

（二）多项选择题

1. 答案：ABCD

解析：企业可以通过财务会计资料、经营管理资料、调研报告、专项信息、内部刊物、办公网络等渠道，获取内部信息。企业可以通过行业协会组织、社会中介机构、业务往来单位、市场调查、来信来访、网络媒体以及有关监管部门等渠道，获取外部信息。

2. 答案：BCD

3. 答案：ACD

4. 答案：ABC

5. 答案：ABD

（三）判断题

1. 答案：正确

2. 答案：错误

解析：必要时可聘请外部专家参与相关工作。

3. 答案：正确

4. 答案：错误

解析：为保证信息传递的及时性，重要信息可以越级向董事会、监事会或经理层报告，便于相关负责人迅速做出决策。

5. 答案：错误

解析：沟通渠道有多种，应视具体情况和沟通情形选择恰当的沟通渠道。

第六章　资产业务内部控制

（一）单项选择题

1. 答案：A

2. 答案：B

解析：A 不正确。没有强调现金记录程序。B 正确。对现金会计核算的内部控制是不足的，因为未进行适当职责分离。C 不正确。证据显示调节表是及时的，但不一定是适当的。D 不正确。没有强调现金的实物安全。

3. 答案：A

解析：A 正确。保险类型和数额应该依据定期的评估确定。B 不正确。决定保险总额不是董事会的职能。C 不正确。消费价格指数通常不能为固定资产提供适当的调整因素。D 不正确。账面价值不能反映资产的重置或真实价值。

4. 答案：D

解析：发现性控制，在不希望出现的事情发生时能够加以识别。A 这句话本身就是错误的，出纳负责登记银行日记账；B 和 C 均属于预防性控制；D 属于发现性控制。D 符合题意。

5. 答案：D

（二）多项选择题

1. 答案：AC

解析：本例并未提到会计记录控制及定期轮岗控制。

2. 答案：BD

解析：A 不正确。这表明在达到组织目的和目标方面存在薄弱环节，但不是在资产保护方面。B 正确。这表明在资产保护方面存在薄弱环节。C 不正确。这表明在达到组织目的和目标方面存在薄弱环节，但不是在资产保护方面。D 正确。管理部门没有对过去审计发现的与资产保护有关的问题采取正确的行动，这是在资产保护方面的一个控制弱点。

3. 答案：ABD

解析：加强商业票据的管理包括由专人保管应收票据，定期核对盘点、票据和背书应审查等。复核并调查所有与发票不配比的销售凭证，不属于完善应收票据的内部控制措施。

4. 答案：ABC

解析：D 应是先实施竣工决算审计，再办理竣工验收。

5. 答案：AD

（三）判断题

1. 答案：错误

解析：对于已入库存货需要办理退库的，不得涂改入库单，而应编制退库单，按规定程序办理退库。

2. 答案：错误

解析：不经仓储直接运抵生产或销售现场的存货，亦必须在现场严格履行验收程序，经验收合格后，编制书面验收报告，开具货物交接清单，与生产或销售等部门办理相关交接手续。

3. 答案：正确

4. 答案：错误

解析：企业不得将空白支票提前加盖相关印章，由业务人员持有。

5. 答案：错误

解析：同一企业的存货在不同仓库之间流动，也要办理出入库手续。

第七章 购销及投融资业务内部控制

（一）单项选择题

1. 答案：C

解析：与客户进行谈判和签订合同属于不相容职务。

2. 答案：A

解析：A 发货凭证应交财务部门；B 通过号码进行控制正是连续编号的目的；C 可以有效防止收款人员收款后私自挪用的现象；D 向顾客寄发对账单是一项常用的控制措施。

3. 答案：C

解析：A 不正确。从提交的月度开支总额报告不能发现采购代理对单个供应商的偏爱。B 不正确。详细的材料规格说明书不能防止采购员在发出订单时有所偏爱。C 正确。定期轮换采购员的任务将会有效阻止采购员与供应商之间可能出现的利益冲突或偏见，与其他选项相比，最有可能防止采购员偏爱某些特定供应商。D 不正确。采购员发出的订单数与是否偏爱供应商无关，因而这种监督无法有效防止采购员的行为。

4. 答案：A

解析：B 不正确。没有考虑以后的计划，这一做法将会导致购买过多的材料。C 不正确。该项控制能防止接收未订购的货物，而不能防止订购数量超出公司需要。D 不正确。该项控制能防止收货数量风险，而不能防止订购数量风险。

5. 答案：D

解析：A 不正确。商品是季节性的，而店铺的空间是有限的。这是一个与组织的收入和利润最大化相一致的约束条件。B 不正确。由于是根据销售额和毛利来评价产品经理，因此由产品经理来执行这两种职能不存在冲突。C 不正确。根据毛利和销售预算来评价产品经理就为该经理规定了责任。D 正确。可能存在将商品从分销中心转走，而没有运送到适当的零售店的情况。

（二）多项选择题

1. 答案：ABD

解析：C 中销售价格、销售条件、运费、折扣等必须经过批准，不能由销售人员根据客户情况进行谈判。

2. 答案：BC

解析：金额较大的重要项目需根据有关权限规定提交采购决策机构进行集体决策；影响重大、涉及较高专业技术或法律关系复杂的合同，应组织法律、技术、财会等专业人员参与谈判，必要时可聘请外部专家参与相关工作。

3. 答案：AB

解析：选项 A：采购计划不合理，市场变化趋势预测不准确。选项 B：对需求、请购等职能未进行合理分工。选项 C：建立供应商评估和准入制度，确定合格供应商清单。选项 D：技术性强的采购应由技术人员参加。

4. 答案：AC

解析：B 与发生相关；D 与发生和准确性相关。

5. 答案：ABCD

（三）判断题

1. 答案：错误

解析：控制目标的实现依据良好的内控设计、严格的执行和有效的监督。

2. 答案：正确

3. 答案：正确

4. 答案：正确

5. 答案：错误

解析：应由与销售部门相对独立的信用管理部门对客户付款情况进行持续跟踪和监控，提出划分、调整客户信用等级的方案。

第八章　其他业务内部控制

（一）单项选择题

1. 答案：C

解析：A、B、D 都是不需要对外提供的文件。

2. 答案：D

3. 答案：A

解析："三重一大"事项应由董事会审批或领导班子集体审批。

4. 答案：A

解析：A 正确。对良好的内部控制来说，独立进行银行对账是必要的。B 不正确。这不是一个重要的内部控制因素。C 不正确。不能计算外汇比率，相反外汇比率只能被核实。D 不正确。这不是一个重要的内部控制因素。

5. 答案：D

（二）多项选择题

1. 答案：ABCD

解析：对账是账簿记录系统的最后一个环节，也是报表生成前一个环节，对保证会计信息的真实性起到重要作用，对账的控制要点包括账证核对、账账核对、账表核对、账实核对。

2. 答案：ABCD

3. 答案：BCD

解析：财务报告在对外提供前应装订成册，加盖公章，并由企业负责人、总会计师或分管会计工作的负责人、财会部门负责人签名并盖章。

4. 答案：ABC

解析：D 为财务报告公布后的潜在经济后果，信息提供者不需要考虑。

5. 答案：ACD

解析：B 错误，潜在义务和未来义务不构成企业的负债。

（三）判断题

1. 答案：错误

解析：企业内设机构和分支机构不得对外提供担保。

2. 答案：错误

解析：很多情况下，非上市公司也需要对外提供财务报告。

3. 答案：错误

解析：对外提供财务报告不需要注册会计师签字批准。

4. 答案：正确

5. 答案：错误

解析：必要时可聘请外部专家参与相关工作。

第九章　内部监督和内部控制评价

（一）单项选择题

1. 答案：B

2. 答案：D

解析：A 不正确，审批业务工作方案是内部审计主管人员的职责；B 不正确，外部审计师是否要采用内部审计的工作不由审计委员会决定；C 不正确，审批内部审计业务报告是首席审计执行官的职责。D 正确，内部审计师应该取得管理高层和董事会的支持，这样他们才能取得业务客户的配合，并且在不受干扰的条件下开展工作。

3. 答案：A

4. 答案：C

解析：评价只能提供合理保证。

5. 答案：D

解析：专项监督的范围和频率应当根据风险评估结果以及日常监督的有效性等予以确定。

（二）多项选择题

1. 答案：ACD

2. 答案：ABCD

3. 答案：ABC

解析：《内部控制评价指引》第3条之“（二）重要性原则。评价工作应当在全面评价的基础上，关注重要业务单位、重大业务事项和高风险领域。”

4. 答案：ACD

解析：A正确，一般来说，审计委员会的组成应全部由独立、非行政董事组成；B错误，审计委员会的职能是监督、评估和复核企业内的其他部门和系统；C正确，对于重大缺陷和重要缺陷的整改方案，应向董事会（审计委员会）、监事会或经理层报告并审定。如果出现不适合向经理层报告的情形，例如，存在与管理层舞弊相关的内部控制缺陷，内部控制评价组应直接向董事会（审计委员会）、监事会报告。重要缺陷并不影响企业内部控制的整体有效性，但是应引起董事会和管理层的重视。对于一般缺陷，可以与企业管理层报告，并视情况考虑是否需要向董事会（审计委员会）、监事会报告；D正确，董事会应决定委派给审计委员会的责任，审计委员会的任务会因企业的规模、复杂性及风险状况而有所不同。审计委员会应每年对其权限及其有效性进行复核，并就必要的人员变更向董事会报告。

5. 答案：BCD

解析：A错误，企业各有关部门和业务单位应定期对风险管理工作进行自查和检验，及时发现缺陷并改进，其检查、检验报告应及时报送企业风险管理职能部门；B正确，企业内部审计部门应至少每年一次对包括风险管理职能部门在内的各有关部门和业务单位能否按照有关规定开展风险管理工作及其工作效果进行监督评价，监督评价报告应直接报送董事会或董事会下设的风险管理委员会和审计委员会；C正确，企业可聘请有资质、信誉好、风险管理专业能力强的中介机构对企业全面风险管理工作进行评价，出具风险管理评估和建议专项报告；D正确，企业风险管理职能部门应定期对各部门和业务单位风险管理工作实施情况和有效性进行检查和检验，要根据在制定风险策略时提出的有效性标准的要求对风险管理策略进行评估，对跨部门和业务单位的风险管理解决方案进行评价，提出调整或改进建议，出具评价和建议报告，及时报送企业总经理或其委托分管风险管理工作的高级管理人员。

（三）判断题

1. 答案：正确

解析：内部审计机构对监督检查中发现的内部控制缺陷，应按企业内部审计工作程序进行报告；对监督检查中发现的内部控制重大缺陷，有权直接向董事会及其审计委员会、监事会报告。

2. 答案：错误

解析：企业委托会计师事务所等中介机构实施内部控制评价的，内部控制评价的责任仍由企业董事会承担。

3. 答案：错误

解析：应该是对特定基准日内部控制设计与运行的有效性进行审计，并发表意见。

4. 答案：错误

解析：如果某项控制由拥有必要授权和专业胜任能力的人员按照规定的程序与要求执行，能够实现控制目标，表明该项控制的设计是有效的。如果某项控制正在按照设计运行，执行人员拥有必要授权和专业胜任能力，能够实现控制目标，表明该项控制的执行是有效的。

5. 答案：错误

解析：这是一个认知误区，内部控制有效性是内部控制设计和实施情况对实现内部控制目标提供保障的程度，内部控制建设应将管理制度的硬约束与企业文化、员工素质、社会责任等软环境相结合，实现自控与他控相结合，而不是制度越多越好，控制越严越好。

第十章　行政事业单位内部控制与风险管理

（一）单项选择题

1. 答案：B

解析：内部控制将单位的业务管理与财务管理实现了有机的结合，需要信息系统的支撑。将内部控制嵌入信息系统之中，可以实现内部控制的程序化和常态化。

2. 答案：C

解析：制衡性原则要求在单位内部的部门管理、职责分工、业务流程等方面形成相互制约和相互监督。

3. 答案：A

4. 答案：A

解析：行政事业单位经济活动的决策、执行和监督应当实行相互分离，这是建设现代政府的客观要求，也是有效防范舞弊和预防腐败的制衡机制。

5. 答案：B

（二）多项选择题

1. 答案：AD

解析：选项A正确，预算业务控制是对预算业务的控制，包括对预算编制、预算审批、预算执行、决算和绩效评价等环节实施的有效控制。选项B不正确，行政事业单位的预算业务管理机构通常包括三个方面：一是预算业务管理决策机构；二是预算业务管理工作机构；三是预算业务管理执行机构。财会部门不是单位内部预算管理的决策机构。选项 C 不正确，预算编制环节最主要的风险就在于认为预算编制仅是财会部门的工作，业务部门不参与其中，导致预算编制不科学、不合理、业务活动与其财力支持相脱节。选项 D 正确，单位应当根据内设部门的职责和分工，对按照法定程序批复的预算在单位内部进行指标分解、审批下达。

2. 答案：ABCD

解析：行政事业单位预算绩效管理机制：预算编制有目标、预算执行有监控、预算完成有评价、评价结果有反馈和反馈结果有应用。

3. 答案：ABC

解析：单位应当合理设置岗位，明确相关岗位的职责权限，确保支出申请和内部审批、付款审批和付款执行、业务经办和会计核算等不相容岗位相互分离。

4. 答案：ABCD

解析：单位应加强支出审批控制。明确支出的内部审批权限、程序、责任和相关控制措施。审批人应当在授权范围内审批，不得越权审批。

5. 答案：ABCD

解析：单位应当建立合适本单位实际情况的内部控制体系，并组织实施。具体工作包括梳理单位各类经济活动的业务流程，明确业务环节，系统分析经济活动风险，确定风险点，选择风险应对策略，在此基础上根据国家有关规定建立健全单位各项内部管理制度并督促相关工作人员认真执行。

（三）判断题

1. 答案：错误

解析：单位负责人应当对本单位内部控制的建立健全和有效实施负责，同时要积极发挥其他工作人员的作用。

2. 答案：错误

解析：不相容岗位相互分离这种控制方法要求合理设置内部控制关键岗位，明确划分职责权限，实施相应的分离措施，形成相互制约、相互监督的工作机制。内部授权审批控制要求明确各岗位办理业务和事项的权限范围、审批程序和相关责任，建立重大事项集体决策和会签制度。相关工作人员应当在授权范围内行使职权、办理业务。

3. 答案：正确

解析：归口管理是指行政事业单位按照管控事项的性质与管理要求，结合单位职责、组织机构和岗位设置，在不相容岗位相互分离和内部授权审批控制的前提下，明确单位内部各个业务的归口管理责任单位的控制方法。

4. 答案：正确

解析：预算控制不同于预算业务控制。预算控制是一种控制方法，这一方法可用于收支、采购等义务中，有效控制单位经济活动风险。预算业务控制是对预算业务的控制，通过建立健全预算业务内部管理制度、合理设置预算业务管理机构或岗位、建立部门间沟通协调机制和预算执行分析机制、加强内部审核审批等控制方法，对预算编制、预算审批、预算执行、决算和绩效评价四个环节实施的有效控制。

5. 答案：错误

解析：预算是根据工作目标和计划编制的年度财务收支计划。行政事业单位的预算由收入预算和支出预算组成，反映了预算年度内单位的资金收支规模和资金使用方向，是单位财务工作的基本依据，为单位开展各项业务活动、实现工作目标提供了财力支持。

第十一章　内部控制与风险管理新发展

（一）单项选择题

1. 答案：C

解析：大多数交易可分成三类独立的职责：认可或发起交易、处理交易，以及记录交易。C 符合题意。

2. 答案：D

解析：A 不正确，通过询问管理人员得到的信息通常被认为是最不具有说服力的；B 不正确，观察资产的取得程序，不如标明资产成本的外部文件具有说服力；C 不正确，实地检查资产只能提供有限的关于资产价值的信息。D 正确，信息的可信程度取决于被审计单位的内部控制情况。关于资产价值的最具说服力的信息是外部提供的资料。

3. 答案：A

解析：风险降低的风险应对策略，亦称作风险缓解。常用的一种形式是风险分散，即通过分散的形式来降低风险，即"不把鸡蛋放在一个篮子里"，比如在多种股票而非单一股票上投资。

4. 答案：D

5. 答案：C

解析：A 不正确，通过询问管理人员得到的信息通常被认为是最不具有说服力的；B 不正确，观察资产的取得程序，不如实地检查资产更有说服力；C 正确，信息的可信程度取决于被审计单位的内部控制程度。下面是按照说服力从高到低进行排序的：内部审计师的检查和观察，外部提供的信息，内部提供的信息，业务客户的口头信息。因此，关于新购资产的存在性，最具说服力的信息是实地检查。D 不正确，在确认存在性时，文件资料不如实地检查具有说服力。

（二）多项选择题

1. 答案：BC

解析：2013 版新框架没有修订内部控制的定义，没有涉及战略目标的设定。

2. 答案：BC

解析：A 不正确，投资项目不能咨询公司代为决策；D 不正确，信息系统不能由多人用同一用户名在同一个 IP 地址操作，无法分清责任。

3. 答案：ACD

解析：独立董事不是内部控制有效的必要条件。

4. 答案：ABD

解析：存货采用实地盘存制管理弱化了存货的控制。

5. 答案：ACD

解析：COSO2017 年发布的新版企业风险管理框架与其 2013 年发布的内部控制整合框架各有侧重，是相辅相成，互为补充的关系，不是取代关系。

（三）判断题

1. 答案：错误

解析：信息系统的普及应用能够扩大管理跨度，减少管理层级，促进组织结构扁平化。

2. 答案：错误

解析：企业风险管理不是一项独立的职能管理工作，风险管理必须融入组织活动的各个方面，包括战略制定过程、确定商业目标、执行商业活动，以及完成并评价绩效等。风险管理必须与其他管理体系有机融合，协同发挥作用。

3. 答案：错误

解析：风险管理不仅有助于降低组织的潜在损失，减少组织未来的不确定性，而且能够全面服务于组织的价值创造。

4. 答案：错误

解析：风险管理贯穿于企业上下和业务始终，上至公司战略和商业运营，下至业务单元和职务岗位，是全面风险管理，有五大目标，而不仅仅是防范差错和舞弊。

5. 答案：错误

解析：管理网络风险是“互联网 +”时代内部控制的首要目标，企业要收集信息，了解和应对网络风险对内部控制目标的影响，确保信息系统合规合法、数据处理正确无误、系统运行安全可靠、提高系统的可审计性、可维护性和可恢复性。

第五部分

模拟试卷参考答案

模拟试卷（一）参考答案

一、单项选择题

题号	1	2	3	4	5	6	7	8	9	10
答案	C	C	B	C	B	C	B	C	D	C

二、多项选择题

题号	1	2	3	4	5
答案	BD	ABCD	ABCD	ABD	AC
题号	6	7	8	9	10
答案	ABC	ABCD	AD	ABCD	ABCD

三、判断题

题号	1	2	3	4	5	6	7	8	9	10
答案	√	√	×	×	×	√	×	√	×	×
题号	11	12	13	14	15	16	17	18	19	20
答案	×	√	×	×	×	×	×	√	√	×

四、简答题

1. 答：（每个点1分，答对5个点以上得满分）

（1）固定资产使用与采购或建设；

（2）资产请购或建造方案编制与请购或建造审批；

（3）资本预算的复核审批与资本预算编制；

（4）固定资产验收与采购或承建、款项支付；

（5）固定资产使用或保管与资产记录；

（6）固定资产盘查与使用、保管；

（7）固定资产报废审批与资产报废通知单编制等。

2. 答：公司治理结构一般由股东及股东大会、董事及董事会、监事及监事会、经理层构成。

（1）股东及股东大会：股东作为出资者和所有者对公司享有最高权力，股东通过股东大会行使权力。股东大会为最高权力机构，公司重大事项，如章程变更、董事任免、合并与解散、重大经营方案、重大投资或筹资方案、利润分配等，都必须由股东大会做出决议；（1分）

（2）董事及董事会：董事会对股东大会负责，依法行使企业的经营决策权。董事会向股东大会负责；（1.5分）

（3）监事与监事会：监事会应向全体股东负责，对公司财务及公司董事、经理和其他高级管理人员履行职责的合法合规性进行监督，维护公司及股东的合法权益；（1分）

（4）经理人员：经理人员对董事会负责，实施股东大会、董事会决议事项，主持企业的生产经营管理工作。（1.5分）

3. 答：

（1）合理保证各项资产的取得、使用、处置等合法合规；（1分）

（2）合理保证各项资产的安全完整；（1分）

（3）有效使用各项资产，加快资金周转，提高资金效益；（1分）

（4）按照会计准则和内部规章制度进行各项资产的确认、计量、记录和报告，提供各种有用信息；（1分）

（5）与企业战略和年度经营计划紧密联系，能有效支持企业战略和经营计划。（1分）

五、连线题

1. 参考答案（每画对一条线得1分）

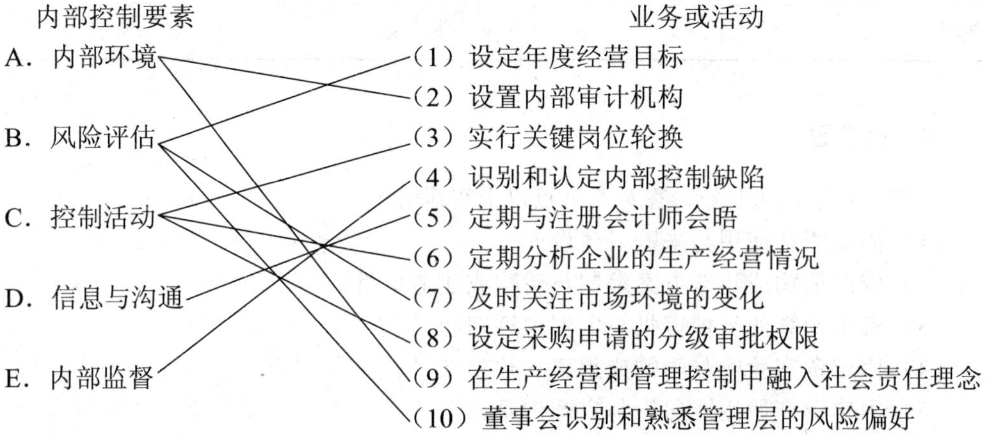

2. 参考答案（每画对一条线得 1 分）

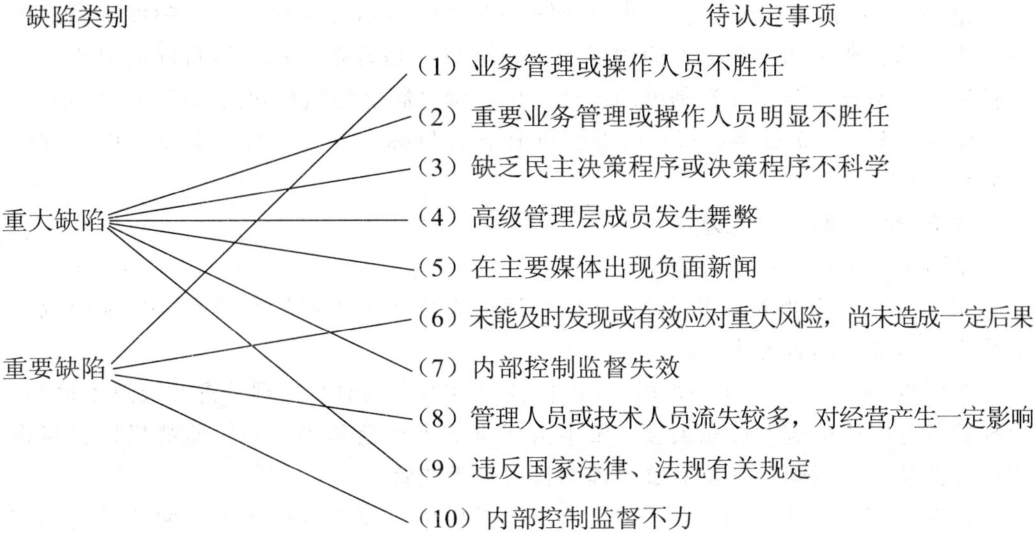

六、案例分析题

案例参考答案（每个点 1.5 分，答对 10 个点以上得满分）

错误点 1：执行董事兼总经理陈林：认为内部控制可以杜绝财务欺诈、串通舞弊、违法违纪等现象发生的观点不恰当。内部控制由于其固有的局限性及出于成本效益的考虑，只能合理保证有关目标的实现，不能完全杜绝上述现象的发生。

错误点 2：执行董事兼副总经理徐超：由集团任命子公司总经理和总会计师，并直接对集团公司董事会负责的观点不恰当。子公司总经理和总会计师应由子公司董事会任命并对其负责，接受集团公司董事会的监督。

错误点 3：独立董事史明：各类业务事项均应提交董事会或股东大会审核批准的观点不恰当。董事会或股东大会应重点审批“三重一大”等关键事宜。按分级授权原则，各类业务事项应按照规定的权限和程序进行审核批准。

错误点 4：独立董事史明：根据成本效益原则，受公司规模、业务特点等因素影响，无法对不相容岗位或职务实行有效分离的，可不予分离。

错误点 5：执行董事兼总经理陈林：企业文化对内部控制影响较小的观点不恰当。企业文化是内部控制环境的重要组成部分，良好的企业文化可以促进内部控制机制的有效运作。

错误点 6：执行董事兼副总经理白雪：认为外部风险不是内部控制问题的观点不恰当。风险识别不仅包括内部风险，还包括外部风险。

错误点 7：执行董事兼副总经理白雪：对可能给企业带来重要经济损失的风险事项一律予以回避的观点不恰当。除风险回避外，企业还可以选择风险承担、风险降低和风险分担等风险应对策略。风险应对策略的选择取决于管理层的风险偏好、预期的成本效益、风险容忍度等因素。

错误点8：执行董事兼总会计师李媛：内部控制不等于内部控制制度，内部控制是由目标、要素和结构等方面构成的完整框架，是旨在实现控制目标的过程。内部控制建设不仅强调流程和制度的设计，更强调对制度的执行和内部软环境的培育。

错误点9：独立董事黄莉：内部控制有五大目标，并没有直接提及错误和舞弊的防范。

独立董事王刚：没有差错

董事会秘书向往：没有差错

错误点10：董事长（高大尚）：以利润最大化作为内部控制的唯一目标的观点不恰当。内部控制有五大目标。

错误点11：董事长（高大尚）：内控监督机构直接对总经理负责的观点不恰当。内控监督专门机构应对股东大会、董事会或审计委员会负责。内控监督机构应与管理层保持独立，否则会导致对总经理的权力缺乏监督。

错误点12：董事长（高大尚）：内控监督机构不仅要定期或不定期地对内部控制执行情况进行检查评价，而且还应对内部控制的设计情况进行检查。

错误点13：董事长（高大尚）：由总会计师全权负责建立健全和有效实施集团内部控制的观点不恰当。董事会对建立健全和有效执行内部控制负总责。

模拟试卷（二）参考答案

一、单项选择题

题号	1	2	3	4	5	6	7	8	9	10
答案	C	B	A	B	B	D	B	C	A	B

二、多项选择题

题号	1	2	3	4	5
答案	ABCD	ABC	ABD	BCD	BCD
题号	6	7	8	9	10
答案	ABCD	ABC	ABCD	ABCD	ABC

三、判断题

题号	1	2	3	4	5	6	7	8	9	10
答案	√	√	√	×	√	√	×	×	×	√
题号	11	12	13	14	15	16	17	18	19	20
答案	×	√	×	×	√	√	×	×	×	√

四、简答题

1. 答：（每个点 1 分，答对 5 点以上得满分）

（1）请购与审批；

（2）询价与确定供应商；

（3）采购合同的订立与审计；

（4）采购与验收；

（5）采购、验收与相关会计记录；

（6）付款审批与付款执行；

（7）应付账款明细账人员应与出纳人员、采购人员、办理付款人员相分离。

2. 答：

（1）受人为判断或职业判断的影响；（1.5 分）

（2）高层管理人员可能会凌驾于内部控制之上；（1.5 分）

（3）内部控制的设计与实施需要考虑成本与效益；（1 分）

（4）员工串通或合谋可能会使内部控制失效。（1 分）

3. 答：风险容忍度（Risk Tolerance）是企业在目标实现过程中对偏差的态度，是在风险偏好的基础上设定的对目标实现过程中所出现偏离的容忍程度，描述的是人们对风险承担的意愿和能力。能够容忍的上限，称为风险容限，对于在风险容限之内但不能接受的风险应实施风险降低，使控制后的剩余风险降低到可接受水平之内。风险可接受水平是企业愿意接受的风险。（3 分）

在设定内部控制目标应考虑风险偏好和风险容忍度。企业应在风险容忍度范围内，根据不同风险类别、业务或产品特征等，分别确定风险容限。在设定风险可接受水平时，管理层应考虑目标重要性，并与风险偏好相匹配。在风险容忍度范围内经营会使管理层对实现企业目标更有信心。（2 分）

五、连线题

1. 参考答案（每画对一条线得 1 分）

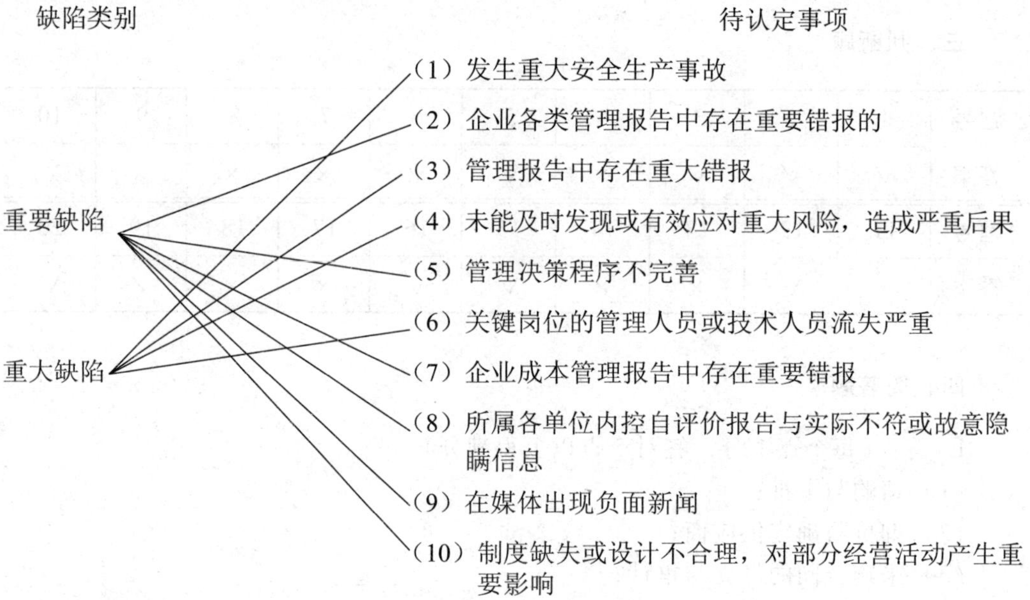

2. 参考答案（每画对一条线得 1 分）

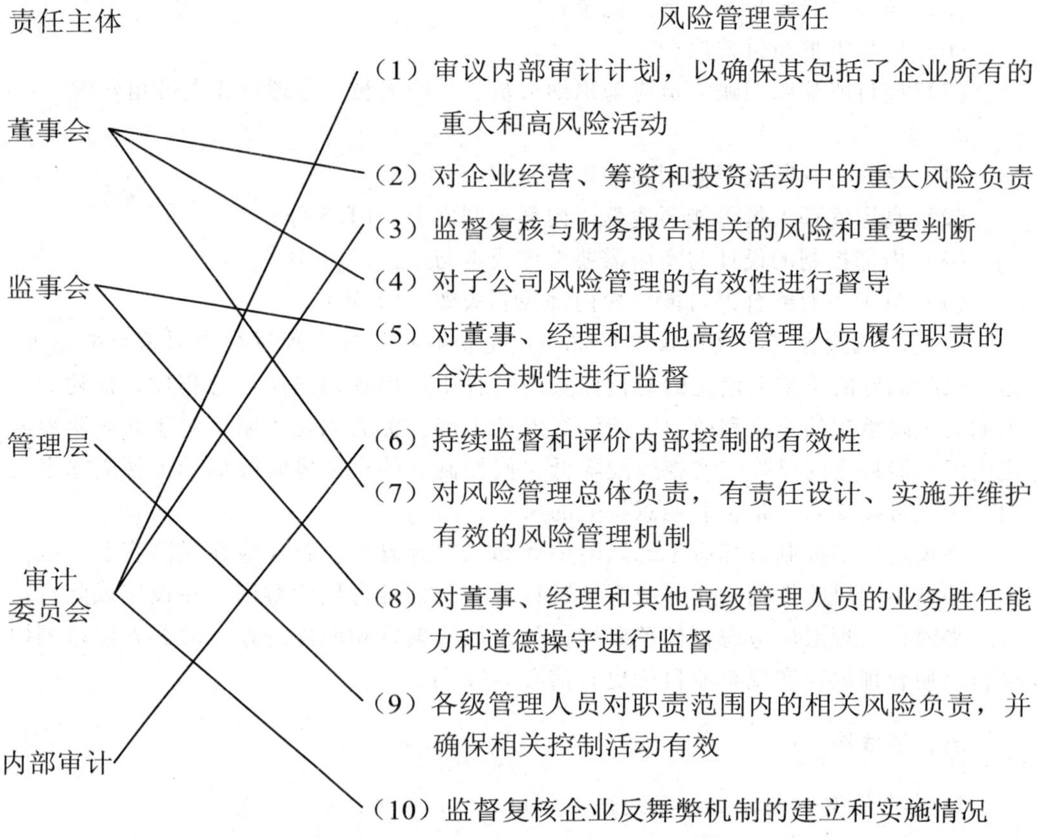

六、案例分析题

案例参考答案（每个点2分，答对7个点以上得满分）

错误点1：执行董事兼总经理甲（陈林）：存在不当之处，信息中心主要负责信息系统建设和升级整体规划的执行工作，如果同时负责审批工作，则违背了制衡性原则（或：不相容职务相互分离）的要求。

错误点2：执行董事兼总经理甲（陈林）：存在不当之处，信息系统建设和升级整体规划工作属于重大事项，应经（或：董事会；或：董事长：或总经理）批准后实施。

执行董事兼副总经理乙（白雪）：无不当之处。

错误点3：执行董事兼副总经理丁（徐超）：存在不当之处：由审计部经理兼任审计委员会主席。审计部经理兼任审计委员会主席违背了制衡性原则（或：不相容职务相互分离）的要求。审计委员会主席应由独立董事担任。

错误点4：执行董事兼总会计师丙（李媛）：存在不当之处：检查工作仅限于内部控制制度的运行情况。内部控制自我评价应综合评价内部控制的设计与运行情况。

错误点5：执行董事兼总会计师丙：重大缺陷，是指一个或多个内部控制缺陷的组合，可能导致企业严重偏离控制目标。

错误点6：独立董事A（史明）：存在不当之处：同时聘请XY会计师事务所从事内部控制咨询和内部控制审计。为企业提供内部控制咨询服务的会计师事务所，不得同时为同一企业提供内部控制审计。

独立董事B（黄莉）：无不当之处。

错误点7：独立董事C（王刚）：存在不当之处：子公司具有法人资格，具有独立的决策权，子公司重大事项决策，应由子公司股东大会或董事会决定。

错误点8：独立董事C（王刚）：内部控制是由企业董事会、经理层和全体员工实施的；内部控制不是由流程和制度构成的一种安排，是一个过程，是由目标、要素和结构等方面构成的综合框架。

错误点9：董秘（向往）：存在不当之处：对于研究生以上学历的员工无须培训，应对所有员工进行培训，而不能以学历作为判断的标准。

模拟试卷（三）参考答案

一、单项选择题

题号	1	2	3	4	5	6	7	8	9	10
答案	D	C	A	C	A	C	C	B	B	D

二、多项选择题

题号	1	2	3	4	5
答案	ACD	ABC	BD	CD	ABCD
题号	6	7	8	9	10
答案	ABC	ABD	ABD	ABCD	ABCD

三、判断题

题号	1	2	3	4	5	6	7	8	9	10
答案	√	√	×	√	×	×	×	√	×	×
题号	11	12	13	14	15	16	17	18	19	20
答案	√	×	×	×	√	×	×	×	×	×

四、简答题

1. 答：内部控制应在全面控制的基础上，关注重要业务事项和高风险领域（1分），聚焦“三重一大”事项（即重大决策、重大事项、重要人事任免及大额资金运作）（1分），针对重要业务与事项、高风险领域与环节采取更为严格的控制措施（1分），确保不存在重大缺陷（1分）。重要性原则的应用需要一定的职业判断，企业应根据所处行业环境和经营特点，从业务事项的性质和涉及金额两方面来考虑是否及如何实行重点控制。(1分)

2. 答：固有风险是管理层没有采取任何措施来改变风险的可能性或影响的情况下，一个企业所面临的风险。剩余风险是在管理层的风险应对之后所残余的风险，即未被控制的风险。一旦企业风险应对的策略和措施确定下来，管理层接下来就要考虑剩余风险，确保剩余风险在可接受水平之内。(2.5分)

剩余风险的大小与企业风险应对措施的有效性密切相关。企业对风险的管理和控制越有效，剩余风险就越少；企业对风险管理和控制的效率效果越差，剩余风险就越大。剩余风险的大小直接关系到企业目标的实现程度。剩余风险越大，内部控制的有效性越弱，内部控制对实现企业目标的保障程度就越低；剩余风险越小，内部控制的有效性越强，内部控制对实现企业目标的保障程度就越强。(2.5分)

3. 答：(每个点1分，答对5点以上得满分)

(1) 根据内部控制的五大目标，进一步细化和明确该项业务活动的内部控制目标；

（2）针对业务活动控制目标分析该业务活动面临的总体风险；

（3）设计业务流程，识别和分析流程各环节的风险点；

（4）针对风险点，设置控制点，针对主要风险点设置关键控制点；

（5）在控制点和关键控制点采取控制措施，实施控制活动；

（6）定期评价该业务活动风险控制的有效性，持续改进其内部控制和风险管理水平。

五、业务分析题

1. 参考答案：

（1）在岗位设置中违背了不相容岗位分离的原则。投资预算编制与审批，分析论证与评估都是不相容岗位，应分设；

（2）总经理负责所有投资处置批准，违背了分级授权审批和重大事项由领导班子或董事会集体决策的要求；

（3）张三单独进行业务谈判不符合相互牵制原理，应至少有两人参与谈判过程；

（4）谈判结束后应经过有权决定的机构或审批人批准，才能签署合同并予以实施；

（5）对于重大投资项目，一般要编制投资建设书，对投资项目进行分析论证、可行性研究、项目评估、集体决策；

（6）对重大投资项目处置，应建立和实施领导班子集体决策制度。

2. 参考答案：

（1）改革措施（1）存在的风险：①人力资源结构不合理，可能导致企业发展战略难以实现；②人力资源激励约束制度不合理，可能导致关键技术泄密；③人力资源退出机制不当，可能导致法律诉讼。

控制措施：①根据人力资源总体规划，结合生产经营实际需要，制定年度人力资源需求计划，完善人力资源引进制度；②依法与选聘人员签订劳动合同，对于关键管理及关键技术人员，应当签订岗位保密协议、竞业限制协议，明确应履行的义务；③对退出人员明确保密期限、竞业限制期限，对关键人员还应当进行工作交接或离任审计。

（2）改革措施（2）存在的风险：被并购方员工可能不愿意抛弃原有的公司文化，并与C公司的文化产生冲突，可能导致并购重组失败。

控制措施：C公司应平等对待被并购方的员工，促进并购双方的文化融合。

（3）改革措施（3）存在的风险：产品质量低劣，侵害消费者利益，可能导致企业巨额赔偿、形象受损，甚至破产。

控制措施：①公司应建立严格的产品质量控制和检验制度，严把质量关，禁止把缺乏质量保障、危害人民生命健康的产品流向社会；②公司应加强产品的售后服务，售后发现存在严重质量缺陷、隐患的产品应及时召回或采取其他有效措施。

六、案例分析题

案例1参考答案：

（1）“如果超过职权范围内的赊销业务，全部交给销售部门的经理进行审批。”不恰当。对符合赊销条件的客户，应经相关审批人批准后方可办理赊销业务；超过销售政策和信用政策规定的赊销业务，应实行集体决策审批。（2分）

（2）“销售发票的其中一联交财务部丁职员据以登记与销售业务相关的总账和明细账”不恰当。总账和明细账的登记属于不相容职务，应予以分离。（2分）

（3）“会计部门定期向顾客催收款项并寄送对账单，对顾客提出的异议进行专门追查。”不恰当。销售部门应负责应收账款的催收，财会部门应督促销售部门加紧催收。（2分）

（4）“为了便于及时更正录入的基础数据可能存在的差错，信息部门拥有修改基础数据的权限。”不恰当。如果信息部门可以更正使用部门送交的数据资料，将增加相关数据资料在使用部门不知道的情况下被人为修改的风险，降低相关数据分析结果的可靠性。（2分）

案例2参考答案：

（1）事项（1）存在缺陷。（4分）

理由：①总经理过于冒进，对期货交易不十分了解的情况下，就进行大额投资。对大额投资，公司缺乏相关控制，未对期货交易的风险进行正确评估。

②董事会未履行相关的职责，没有很好地监督管理层。重大投资项目，应按照规定的权限和程序实行集体决策或联签制度。

（2）事项（2）存在缺陷。（3分）

理由：①投资决策控制存在缺陷，重大投资项目，应按照规定的权限和程序实行集体决策或联签制度。

②未对投资项目进行可行性研究。

③资产投出环节的控制存在缺陷。没有投资合同，不得对外拨付资金。

模拟试卷（四）参考答案

一、单项选择题

题号	1	2	3	4	5	6	7	8	9	10
答案	D	C	D	B	C	A	A	D	B	D

二、多项选择题

题号	1	2	3	4	5
答案	ABC	ABD	ABCD	ABCD	ABC
题号	6	7	8	9	10
答案	ABCD	ABD	ABCD	AB	BD

三、判断题

题号	1	2	3	4	5	6	7	8	9	10
答案	√	×	×	√	×	×	√	×	×	√
题号	11	12	13	14	15	16	17	18	19	20
答案	×	×	√	√	×	√	×	√	√	√

四、简答题

1. 答：内部控制设计缺陷是指缺少为实现内部控制目标所必需的内部控制，或现有内部控制设计不适当，即使正常执行也不能实现预期的控制目标。(2.5 分)

执行缺陷是指设计合理且适当的内部控制没有按设计意图执行、执行的时间或频率不当、没有得到一贯有效执行、执行人因缺乏必要信息或专业胜任能力而无法有效实施内部控制等原因形成的内部控制缺陷。(2.5 分)

2. 答：不相容职务是指那些如果由一个人担任，既可能发生错误和舞弊行为，又可能掩盖其错误和弊端行为的职务。不相容职务应分离，由不同的人担任。不相容职务分离的核心是内部牵制思想，其基本原理是两个或两个以上的人或部门无意识犯同样错误的机会是很小的，两个或两个以上的人或部门有意识合伙舞弊的可能性大大低于单独一个人或部门舞弊的可能性。(2.5 分)

不相容职务通常包括：业务申请、授权批准、业务经办、会计记录、财产保管、稽核检查等。以采购业务为例，常见的不相容职务有申请采购与请购审批、询价与确定供货商、采购合同的拟定与审批、采购与验收、采购与相关会计记录、验收与相关会计记录、付款申请与审批、付款审批与执行等。(2.5 分)

3. 答：内部控制执行有效性是指内部控制能够按照设计要求严格、正确地执行。如果某项控制正在按照设计执行，执行人员拥有必要授权和专业胜任能力，能够实现控制目标，表明该项控制的执行是有效的。(2.5 分)

评价内部控制执行的有效性，应充分考虑：相关控制在评价期内是如何运行的，是否得到了持续一致的运行；实施控制的人员是否具备必要的权限和能力；相关控制运行的方式，一般包括人工控制和自动控制、预防性控制和发现性控制。（2.5分）

五、业务分析题

1. 答：

（1）不恰当。内部审计部门负责人应该征求审计委员会意见，由董事会任命。审计的活动保持独立性，这样他们才能够自由且客观地执行他们的工作。他们必须提供公正而无偏见的判断。内部审计部门负责人由公司首席执行官任命，不符合规定。(4 分)

（2）招聘内部审计人员应该从以下方面考虑：

第一，应具备必要的知识技巧以及训练，以熟练专业地实施审计工作。内部审计师的角色不断改变，这需要他们培养分析技术决策及沟通技巧。审计人员至少应当具有适当的教育背景或经验，以及与所承担的责任相匹配的组织技巧和技术。(2分)

第二，应该善于口头沟通及书面通信，能够理解会计及审计准则原则及技术，认识及评估与完善的商业实务的偏离之重要性和重大程度。并能确认现有或潜在的问题，并在适当的情况下，对程序进行补充。(2 分)

第三，应具备良好的道德操守及客观、独立和公正的人格。(2 分)

2. 答：第一财产保护控制。该公司在办公大楼内安装了监视系统，并为相关办公室安装了门禁系统，只有少数几个人才有相应权利进入这些措施属于财产保护控制。(3 分)

第二不相容职责分离控制。该控制要求企业全面系统分析梳理业务流程中的不相容职务，防止具有欺骗性的活动发生或未被查出。该公司生产过程中需要采用一种名为“×××”的原材料，企业将该材料的保管和清点分别交由两个不同部门的员工负责，就是属于这种控制。(4 分)

第三会计系统控制。为该材料领用单编制了连续号码即属于此类控制。此类控制要求在会计系统中正确地记录交易，依靠会计记录能够追踪每项交易，核对计算。(3 分)

六、案例分析题

案例 1 参考答案：

1. 主要缺陷（5 分）

（1）全部材料实行实地盘存制，不利于控制材料收、发、存中的舞弊行为和浪费行为和管理不善行为；

（2）缺少对材料的非正常消耗的控制措施；

（3）材料采购的全过程由采购部门负责，不利于采购成本的控制；

（4）办公费实报实销，缺少控制；

（5）部门经理作为经办人发生的费用，自己签字批准报销，违背不相容职务相分离要求；

（6）成本费用预算的编制和审批，成本费用支出的审批与执行等不相容岗位没有分离；

（7）对人工成本的控制薄弱。

2. 改进建议（4 分）

（1）加强对材料采购和耗用的成本控制，除了量大价低的存货实行实地盘存制外，一般对存货都应实行永续盘存制；

（2）对产品的材料消耗实行定额制；

（3）办公费用的控制应实行预算控制，健全成本费用的授权批准制度，明确审批人对成本费用的授权方式、权限、程序、责任和相关控制措施，审批人不得越权审批；

（4）加强对采购过程的控制和监督，将采购价格和采购审批等业务分离出采购部门；

（5）部门经理经办业务发生的费用应由其上级部门审批；

（6）健全成本费用的预算制度，预算由各部门根据业务量的大小测算，由财务部门编制，由专职的预算委员会负责或厂部审批；

（7）加强对人工成本的控制，合理设置工作岗位，加强责任考核，以考核定薪酬。

案例 2 参考答案：

该企业内部控制存在明显缺陷，诸多环节均缺乏不相容岗位分离、相互制约、相互监督的机制。（6 分，每点 1 分）

（1）依据我国《企业内部控制基本规范》规定：企业应制定本单位内部控制制度并组织实施。该企业几乎没有建立内部控制制度，在各种业务处理中，基本没有体现相互制约、相互监督的思想。

（2）总经理对所有管理费用都签字报销的做法显然缺乏监督，总经理自身费用应考虑由其他人员签字方可报销。

（3）工程项目实施与价款支付、竣工决算与竣工审计等岗位应分设，不能由同一个人经办。

（4）应定期与银行对账，编制银行存款余额调节表；应定期进行各项财产的清查。

（5）销售人员不得一条龙经办全部销售业务，尤其是不应直接收取货款，大额销售应通过银行转账结算。

（6）销售费用应制定费用预算，以控制成本费用，提高经济效益。